超脑思维

侦探推理游戏从入门到精通

（全新升级版）

李腾云／著

DETECTIVE

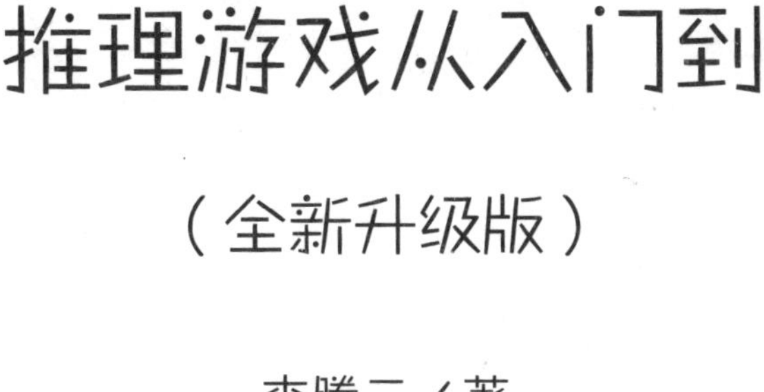

中国法制出版社
CHINA LEGAL PUBLISHING HOUSE

前言

你读过蔡骏、东野圭吾、雷米等人的悬疑推理小说吗？

你看过《明星大侦探》《神探狄仁杰》《读心神探》等侦探类的真人秀节目和影视剧吗？

你玩过《天黑请闭眼》《狼人杀》等侦探推理类的游戏吗？

……

如果你接触过其中一项，那么说明你已经踏入了侦探推理的大门；如果你把上述所有书籍、节目都看过，那你绝对是一个推理迷了；如果你什么都没有接触过，那你就快快加入其中吧！

为什么要让读者朋友加入侦探推理的队伍中呢？因为无论是侦探推理类的游戏、书籍，还是破案类影视剧、真人秀节目，里面都蕴含着很深的逻辑哲理，能够像一座迷宫花园一样吸引着人们沉迷其中，能够为大家的生活带去趣味性和逻辑性，能够开拓大家的智力和思维，让大家成为与众不同的人！

要知道，当今社会可是一个竞争相当激烈的社会，而这种竞争不仅仅体现在人力资源、财富、知识积累上面，更重要的是对一个人的综合素质的考验。一个人只有拥有高度活跃的逻辑思维，才能在竞争中脱颖而出，才能迸发出很多新颖的点子和创意，才能成为众人口中的“创造性人才”。而且，只有当一个人的思维越来越发散、逻辑越来越严谨、推理能力越来越强的时候，这些“看不见摸不着”的能力才会为他们的生活和工作带来便利，让他们看待人生的方式变得相对透彻一点、清楚一点。

前言

在本书中，编者精心挑选和编撰了一些经典的、有趣的、引人入胜的侦探破案故事，每一个都篇幅短小却内容精湛，又有着曲折的故事情节和扣人心弦的结局，融知识性与趣味性于一体，让读者朋友们在短短几分钟内就能轻松地读完谜题，并展开烧脑的思维推理。这些故事都是独立的，随手翻开一页，就是一个完整的小故事，读者朋友能很快进入情境之中，不用像阅读推理小说一样还必须记得“前情提要”。

另外，本书的答案解析部分也很有亮点。它也不像其他侦探推理类书籍一样，直接将答案公布于众，而是通过严谨的案情分析和精妙的推理分析，将故事中的关键线索一一分析清楚，既让读者明白其中的缘由，也有利于引发读者的思考。

希望这些充满刺激和挑战的侦探破案故事，能够全方位地调动起大家爱玩好胜的劲头，能够挑战大家的智慧、最大限度地激发出大家的推理潜能，拓展大家的想象空间、潜移默化地提高大家的思维能力，让大家冲破思维定式，引发一场前所未有的头脑风暴！

目录

Clue 1 另辟蹊径，逆转思维

目录

Clue 2 迷雾重重，拨云见日

目录

Clue 3 大胆想象，勘破真相

目录

Clue 4 先定假设，然后推理

目录

Clue 5 雾里看花，迂回行进

目录

Clue 6

多条线索，缜密分析

目录

Clue 7 发散思维，解决难题

目录

Clue 8 世间万物，皆有联系

目录

Clue 9 出其不意，险中求胜

Clue 1

另辟蹊径，逆转思维

1 谁杀了店主

179

有一天，青年迪恩来到一家旅馆住宿。不承想半夜的时候，有人用他的水果刀杀害了店主人，而这个人作案之后又把刀放回了迪恩的房间。迪恩对此一无所知，在第二天清晨就离开了旅馆。没过多久，店里的其他人就带着警察追到了迪恩，并指认他是杀人凶手。警察当时查看迪恩包里的水果刀，见刀身沾满鲜血，就认定他是杀人凶手。可是，迪恩始终不肯承认是自己杀害了店主人。警察们没有办法，就请来了 FBI（美国联邦调查局）探员们，希望他们能让迪恩说出实情。

FBI 探员们审问过迪恩之后，觉得案子有些可疑，便下令把当夜在店中的 15 岁以上的人都集中起来，然后又把他们放了，只留下一位老妇人。每天都是这样，结果，不久之后，罪犯便自投罗网了。

试问，这是什么道理呢?

2 蚂蚁断案

179

一天，大都市纽约发生了恐怖的枪击事件。当时，凶手躲在一个商场顶楼处，用红外线步枪打死了街上三个无辜行人。FBI 探员们当时在最短的时间里封锁了商场，在经过精密的排查后，确定嫌犯有五个人：第一个人是有着枪械爱好的拳击教练；第二个人是小口径步枪项目的射击运动员；第三个人是来银行办理业务的客户，患有严重的糖尿病；第四个人是银行保安，但他的枪没动过；第五个人是来纽约旅游的日本人。

这五个人都坚持说自己是无辜的，而 FBI 的工作人员也没有更多证据。探长正在左右为难之际，突然看见地上丢弃的步枪枪柄上有好多蚂蚁爬来爬去。而嫌犯中并没人从事与糖相关的工作。探长立刻明白了什么，指着其中一个人说道："把他抓起来，他就是罪犯！"

那么，这个罪犯是谁呢?

3 追踪有破绽的“幽灵”

180

皇家大旅馆的经理刚要下班就得到消息：国际盗窃犯“旅馆幽灵”已经来到本市，还可能住进他们的旅馆，让他们提高警惕。经理一听，很是吃惊，立即将消息告诉了身在 FBI 工作的好友詹森，希望能得到他的帮助。

詹森经过了解后，得知“旅馆幽灵”身高在 1.62 米到 1.68 米之间，经常化名和化装，惯用的伎俩是不付账突然失踪，紧接着旅客发现大量钱财失窃。后来，经过 FBI 探员们的一番严查后，确定旅馆的单身旅客中，身高在 1.62 米到 1.68 米之间的有三个人：第一个是以色列来的斯坦纳先生，经营水果生意；第二个是从伦敦来的勃兰克先生，行踪不定，有些诡秘；第三个是从里斯本来的曼纽尔先生，身份不明。FBI 探员们判断，“旅店幽灵”就在这三个人当中。

第三天上午，有八位阿拉伯酋长依次住进了旅馆。探员詹森伪装成服务生和经理一起站在前台，以便暗中观察入住的旅客。这一天上午，斯坦纳先生在大厅的沙发上用放大镜读他从以色列带来的《希伯来日报》。10 点的时候，勃兰克和曼纽尔相继离开了旅馆。10 点 10 分，詹森得到消息，入住的旅客丢失了珠宝。这时，詹森将目光落在斯坦纳身上。斯坦纳好像根本不知发生了什么事，仍正襟危坐，聚精会神地借助放大镜看他的报，从左到右一行一行往下移。

就在詹森一筹莫展之际，突然，他眼睛一亮，把斯坦纳请到了保卫部门。经过审讯后，斯坦纳认罪。请问，詹森是怎么看出来斯坦纳伪装的破绽的？

4 狡猾的劫匪

180

FBI 探员基恩在街上进行侦查工作时，突然听到前方传来争吵声，于是他连忙上前查看，原来是两名男子正在争夺一块手表。这两名男子中有一个身体强壮，穿着十分得体，好像是个白领；而另外那人则身体瘦削，还穿着一条短裤，看模样像是一个蓝领工人。

看到基恩，两人连忙停手，转而向基恩诉说事情的经过。身体消瘦的男子说："我下班回家时，这个人突然走过来，想强抢我的手表。"身体强壮的男子则对基恩说："你不要相信他的鬼话。这只手表很名贵，他怎么有资格戴呢？"

基恩仔细看了看这两名男子，然后拿起了手表看了看。接着，他将手表交给身体消瘦的男子，并掏出手铐，铐住了身体强壮的男子。请问：基恩为什么断定身体强壮的白领男子就是劫匪呢？

5 不攻自破的案件

180

一天，一名 FBI 探员正走在一家大型旅馆的走廊上。突然，他听到不远处传来一个女人的尖叫声："哦，别开枪，约翰！"紧接着就传来了一声枪响。该名探员立刻跑向传出枪声的房间，冲了进去。房间的一个角落里躺着一个女人，子弹射穿了她的心脏，一把枪掉在房间中央的地上。房间的另一侧站着一个邮差、一个律师和一个会计。探员只看了看他们，就一把抓住邮差说："我将以谋杀的罪名逮捕你。"

事后，经过审问，确实是这个邮差谋杀了那个女人。但是，此前该名探员并没有见过这个房间里的任何一个人，他是怎么知道邮差就是真凶呢？

6 谁是小偷

180

在一座美丽的海滨城市，有一幢房子里面发生了盗窃案。警方接到报警后，立即赶往现场调查，并在附近拘捕了两名可疑人物。面对警长的询问，第一个人掏出了他的护照，声称自己是一个游客，与盗窃案毫无关联。而第二个人则不停地用手指比画出各种手势，嘴里还发出"呀呀"声，表明自己是个聋哑人。警察局所有的警察都不懂手语，无法进一步询问。正在不知所措时，一名 FBI 探员恰好路过这里办案，听闻了警察的难题后，直接对两个嫌疑犯说了一句话，这两个人都不约而同地站起身来。这时，

FBI 探员指着其中一个人说："他就是小偷。"

那么，FBI 探员究竟说了一句什么话呢？他为何判定那个人是小偷呢？

7 数字断案

180

日本一名私家女侦探在泰国调查一起黑帮凶杀案时，在她所住的饭店里被枪杀。警长带助手赶到现场，只见女侦探倒在窗下，双手被反绑在身后，胸部中了两枪，手里紧握着一支口红。

警长撩起她背后的窗帘一看，在玻璃上留着一行用口红写下的数字：809。他又从女侦探的提包中找出一张卷得很紧的小纸条，纸条上写着："已查到三名嫌疑犯，其中一人是凶手。这三个人是：代号 608 的光，代号 906 的岛，代号 806 的刚。"警长沉思片刻，指着纸条上的一个人说："凶手就是他！"根据警长的推断，警方很快将凶手缉拿归案。

请问：凶手是谁呢？

8 罪犯的逃向

180

一天下午，在两名警察的协助下，探长西科尔和助手丹顿小姐于森林公路中段截获了一辆走私微型冲锋枪的卡车。经过一场激烈的搏斗，4 名黑社会成员有 3 名当场被擒获，首犯巴尔肯被丹顿小姐的手枪击中左腿之后，逃入密林深处。

西科尔探长立即命令两位地方警察押送被擒的罪犯前往市警署，自己带领丹顿小姐深入密林追捕巴尔肯。进去密林后，两人沿着血迹仔细搜捕。突然，不远处传来一声沉闷的猎枪射击声和一阵不规则的动物奔跑声。想必这只动物已经受了伤。果然，当西科尔和丹顿小姐持枪追赶到一处较宽敞的三岔路口时，一行血迹竟变成了两行近似交叉的血迹左右分道而去。显然，逃犯和受伤动物不在同一道上逃命。怎么办？哪一行是逃犯的血迹？丹顿小姐看着两行血迹，有些懊丧起来。但西科尔探长却用一个简单的方法，便鉴别出了逃犯的去向，最终将其擒获。

请问，西科尔探长是怎样鉴别出逃犯的血迹的？

9 画家是自杀还是他杀 180

“我把来访的两个客人带进会客室时，他已经死了。”死者的妻子说。

死者是一个知名的画家，死因是被子弹击中头部。当时，他的左手握着一支手枪。外表来看，他好像死于自杀。

查克斯探长展开调查，询问有关的人物。来访的两个客人，一个叫道明。他是死者妻子的旧恋人，三年前去巴黎，两天前才回来。另一个叫小田，他也是画家，和死者并不认识。他这几天一再到死者家中拜访死者，说死者剽窃了他的作品，故前来追究。

两个人都和死者有仇。不过，死者也不是没有自杀的动机。死者的妻子对警方说，两个月前，死者生病后左手麻木，不能再拿画笔，这使他十分沮丧。

最后，查克斯探长确定两人之中有一个是凶手。那么，谁是凶手呢？

10 谁是偷项链的人 180

一个小城镇的珠宝商约翰收购了一条镶满宝石的项链，这条项链价值连城。他把这条项链放在一个金属首饰盒里并锁起来，外面还用封条封好，不遇到知心朋友或懂行的人，不轻易拿出来。

一天，三个曾经经常来光顾珠宝店的富商安吉、丽娜、朱莉慕名来访，约翰打开了珍宝盒，让她们观赏这条项链。大家观赏后约翰拿了一张封条，涂上糨糊，将珍宝盒重新封好，便陪同安吉、丽娜、朱莉三个人到客厅闲谈。闲谈中约翰发现，三个人的手指都有毛病：安吉的食指发炎了，涂着紫药水；丽娜的拇指被毒虫咬伤了，涂着碘酒；朱莉的拇指划破了，涂着红药水。谈话间这三个人都上过厕所。谈兴正浓时，约翰的好友林德来访，也要看一看项链。约翰带着林德来到珍宝室，撕开刚刚粘上的湿封条一看，盒中的项链不见了。

林德问明了情况，判断偷项链的是安吉、丽娜、朱莉三人中的一个。

他俩回到客厅，当林德看到三个人的手指时，便指着其中一位说："盗窃项链的人就是她！"

请问，你知道盗窃者是哪位吗？林德的依据是什么？

11 谁盗走了古币

180

中士菲特向检察官报告："有个名叫戴维德的古币收藏家向警察局报案，说他的一枚很贵重的古币被盗。这枚古币是他几天前刚买到手的。他说他为了找寻它，花费了好几年的时间，找到后如获至宝。他的一个哥哥和一个弟弟同他住在一起，见了古币也都羡慕不已。这两个人也是收藏家。哥哥集邮，弟弟藏书。

"三个人收藏的珍品都放在大厅的书橱和玻璃柜里。开书橱和玻璃柜的钥匙全放在写字台的一个抽屉里，唯一的一把开抽屉的钥匙放在壁炉上的花瓶里。昨天戴维德还接待了另外一个古币收藏家——哲尼克。戴维德从玻璃柜里拿出那枚价值连城的古币让他观赏，哲尼克赞叹不已，爱不释手，并且一定要买走，可是戴维德不肯割爱。今晨哲尼克又来电话说这件事，戴维德断然拒绝了。戴维德放下话筒，马上就去赏玩自己的宝物……可是玻璃柜里的那枚古币已经不翼而飞。锁是完好的，说明作案者是用钥匙打开玻璃柜的。"

"指纹呢？"检察官问。

"没有留下。无论是客厅的家具上，还是门把手上、壁炉上，凡是应该留下指纹的地方，都被抹掉了……戴维德的哥哥肯定地说，他一无所知。他的弟弟已于今晨外出办事，他走时古币还在玻璃柜中。"

这时检察官说："我知道这三个可疑的人当中，是谁盗走了古币。"

你知道盗走古币的是谁吗？

12 谁在撒谎

180

一艘日本货船正在海上航行。这时，船长离开了房间 5 分钟，回来后就发现他放在抽屉里的钱不见了。船长心想，平时只有大副、二副、三副可以进他的房间，肯定是他们中的一个人偷了这笔钱。于是，船长便去找他们。

他问大副："请问，你刚才到我房间去过吗？"大副说："刚才我送报表去了，见你不在房间，我就走了。"二副迎面向船长走来，说："我刚才看见你的抽屉开着，正找你报告呢。"船长问三副，三副说："5 分钟前我在船尾。"船长问："谁能证明？"三副说："没有人证。我看见我们国家的国旗挂倒了，就爬上去挂正了。"

船长抬头看看国旗，断定三副在说谎，要他把偷的钱交出来。在事实面前，三副只好认罪。船长为什么断定是他偷的钱呢？

13 被杀的女乐手

180

女乐手苏姗躺在一辆红色的小轿车里，身中两弹：第一颗子弹从右侧大腿穿过，在黑色的紧身裙上留下了一大块血迹；第二颗子弹是致命伤，射穿了她的胸部。车子就停在她的住宅门口，车内还有一把大提琴。

据洛克探长推断，她遇害的时候应该是在晚上 8 点左右，离她在国家音乐厅的演出时间仅差半个小时。警方分别取得了三个人的证词。

发现尸体的房东太太说："苏姗打算出席音乐会但不参加演奏，因为她与邦德——乐队里的一个同事闹翻了。为此，她一个星期没有练琴，那把琴一直搁在车上没动过。"

邦德坚持说他与苏姗已和好，而且她答应参加演出并约定像以往那样 8 点 10 分驾车去接他，然后一起去音乐厅。但他空等了一场。

乐队指挥杰森说，苏姗能在不排练的情况下出色地演奏，因为音乐会的曲目已反复上演过多次。

听完三份证词后，洛克探长立即判断出谁在撒谎。你猜到了吗？

14 一桩奇特的凶杀案

181

一个酷热的晚上，发生了一宗奇特的凶杀案。一个中学的男教师，被人发现倒毙在家中，上身赤裸。警方经过调查，发现死者是被人勒死的。根据现场侦查警方很快就拘捕了两个嫌疑人。

第一个，是死者的弟弟。他是个游手好闲的流氓，染上毒瘾，经常向他的哥哥索要钱财，两兄弟也发生过争吵。

第二个，是个被开除的学生的家长。他为人粗暴，脾气很差，他因儿子被开除而大发脾气，对死者怀恨在心。

根据案件现场的环境，警方估计案情大概是这样，死者在住所的窗前，看到来找他的人，于是开了门，结果遭袭击身亡。你认为，哪个人才是凶手呢？

15 阿尔卑斯山上的谋杀 181

在阿尔卑斯山顶的一间小木屋里，人们发现了一具尸体。法医解剖尸体后发现，其死亡时间在当日下午 2 点至 2 点 30 分之间。据调查，探员们得知死者名叫乔，他是和另外三人一同来登山的，而且这段时间没有其他人爬上过山顶。显然，这三个人中必定有一个是凶手。

不过，在面对警方的调查时，这三个人都宣称他们当时不在山顶，而是在山脚下的旅馆里。杰森说，他在正午时离开小屋，沿着山路下山，5 点多才到达旅馆。这是一段很难走的道路，最快的纪录是 4 小时 40 分，杰森花了 5 小时 20 分，也算是相当快的了。罗伯特说，他和约翰在 1 点 30 分一同离开山顶，走了半个小时后来到一条岔路，罗伯特用随身带的雪橇往下滑，4 点整到达旅馆。约翰则说，他本来也打算滑下去，不料他放在半山腰的滑板不见了，他只好走下山去。由于他在上一次登山中弄伤了腿，所以走得很慢，到达旅馆时已经 8 点多了。

这三个人说的话似乎都很合理。那么，究竟谁是凶手呢？为什么？

16 野炊途中的命案 181

一天，四名高中生马克、威廉、汤姆和约翰一起到森林里去野餐。由于前一天下了雨，无法骑自行车，他们步行到了野餐地点。到了吃饭时间，他们发现装着食物的野餐篮丢了。

四人在商量了之后，决定留约翰看守东西，其他三人分头行事。可是，15 分钟后，马克等人回来时，发现约翰竟然被人杀死了。警察闻讯赶来，对这 3 个人进行了询问。

马克说，他拿了渔具到河边去钓鱼，但由于水太浑，一条也没钓到。

威廉说，他到附近去找商店，但那些小店今天没有开门。

汤姆说，他到森林里去拾木柴，准备回来生火。但他拾完木柴回来时，被一棵树绊倒了，木柴掉在了地上。他看到木柴全都湿了，又怕大家等得太久，就回来了。

警察看了看附近的地面说："没有别人来过这里。凶手就是你们三个中的一个。"

那么，究竟谁是凶手?

17 心理学家来破案 181

有一位著名的心理学家兼精神病医生能够运用精神分析学说破案。一天，FBI 探员请他去帮忙。

情况是这样的：

5 天前，郊外一户人家的漂亮女主人被杀，现场没有凶手遗失的东西，只是在大门口捡到一支才吸了一两口的香烟。

现在，有两个人值得怀疑：一个是被害者的情人，他是音乐学校的学生。死者生前常常将此人带回家中。最近，被害人常与他发生争吵。另一嫌疑犯是那一个地区的缝纫机推销员。此人曾花言巧语引诱死者，但遭拒绝。这两人都有杀人嫌疑，但都缺少有力证据。

布利尔警长正准备做香烟上的唇纹比对时，这位心理学家说："即使不做，也可判明谁是杀人犯！"

那么，凶犯是谁呢?

18 无孔不入的特工暗杀

181

A 国一重要人物前往某个海岛避难。他的行踪及住处受到严密的保护，以防特工人员暗杀。

但这位重要人物最终还是没有逃过特工的暗杀。据说被暗杀的当天，只有两个常来的人来过：一个是修理电扇、电话和电视的维修工；另一个是每隔一天就来给这位重要人物看牙的牙医。他俩都经过严格的搜查，没有发现携带任何凶器进入房间。

死者头部有一个弹孔，正是这颗子弹让这位重要人物丢掉性命。更奇怪的是门也反锁着。看来，只有这两人的嫌疑最大。

你能猜到是谁杀了重要人物吗？

19 聪明的特工头目

181

有一条船，载着 12 名特工人员去执行一项秘密任务。这 12 名特工人员是被精心挑选出来的，体重相同，互不相识。为了保持船体的平衡，他们被分成 3 组，第一组 A、B、C、D 坐在船头；第二组 E、F、G、H 坐在中间；第三组 I、J、K、L 坐在船尾。一开船，这 12 名特工中的头目就发现情况有异：船体朝前倾斜。

他因此推测，这 12 名特工中，有一个是冒名顶替的敌方间谍，他的体重同选择的标准体重不一样。他立即和总部联系，他的推测得到了总部刚截获情报的证实。但问题在于，总部并不能确定这个混入的间谍是谁。还好特工头目对此有丰富的经验。他只做了两次测试，就找出了这个冒名顶替者，还确定了其体重比标准是重还是轻。

请问：特工头目是如何做到的？

20 时间揭示的问题

182

早晨，当埃里森探长赶到凶杀案现场时，屋里的挂钟正“当当”地敲了 7 下。探长下意识地抬腕看了看自己的手表，不早不晚，正好 7 点。在现场调查取证的一位侦探报告说：“经过仔细检查，没有发现其他证据与线索，除了这盘磁带。它是最重要的证据，他显示被害人被杀的时间是昨天晚上 10 点零 6 分。”

原来，侦探们接到报案赶到案发现场后，在一台收录机中发现了一盘未被取走的磁带。侦探们听了一下录音，立刻就发现了这一重要线索。

“那么，准确吗？”埃里森探长随口问了一句。

“磁带中录的是昨晚曼联和阿森纳两支英超球队的比赛实况。就在曼联球员攻入制胜的第三个球的时候，磁带中突然响起了枪声，一共是两声，接着就是一阵呻吟声。经与负责昨晚电视转播的电视台确认，当时的时间是 10 点零 6 分。”

“如果事情果真是这样的话，这是第二现场。”埃里森探长示意再听一下录音带。

“不会吧？我们听了好几遍了。”

请问：你知道埃里森探长为什么这么肯定吗？

21 被情所害的科长

182

杰克森是一家灯具厂的科长，有一天被人发现他死在工厂后院的一个隐蔽的角落里。警察经过调查后，确定死因是被锐器刺入颈部，失血过多而亡的。那么，谁是凶手呢？警方得知，最近厂里流传着杰克森和厂长的妻子有奸情的说法。因此，警察猜测厂长存在犯罪动机。但是后续的调查却显示，厂长公务繁忙，没有作案条件，而且，他的妻子与杰克森也没有任何瓜葛。当他们夫妻听到此传闻后，都十分恼火，希望能澄清谣言。

调查进入了死胡同，没办法，警察请来了 FBI 的工作人员。当 FBI 探员了解此案后，认为杰克森与厂长妻子有奸情的消息很可能是凶手的瞒天过海之计。因此，FBI 探员认为，最开始传播这个消息的人更有可能就是凶手。因此，警方又开始了第二轮筛查。

这次筛查过程中，工人吉姆进入了警方的视线。众所周知，吉姆和杰克森有矛盾，杰克森经常找借口“修理”吉姆，而吉姆也经常诋毁杰克森，并扬言早晚收拾他。那么，是不是吉姆编造的谎言并使之流传开来呢？经过多方询问，原来厂里众人所说的奸情，其源头还真的是吉姆。而且，前几天杰克森找到借口，向上级申请将吉姆辞退了。警方据此把他列为头号嫌疑人，对他做重点调查。

警方在吉姆家中找到了他，发现吉姆暴躁易怒，明确向警方表示杰克森是故意整他。不过，吉姆说自己没有杀杰克森，而他也没有不在现场的证明。吉姆表明，因为工作的事情，他一直窝在家里生闷气，关于杰克森的事情，他也是从别人口中听说的。但是，警方认为他的辩解相当软弱无力，并且在考虑对他提起公诉。你认为警方的做法对吗？

22 保镖为何被解雇

182

从前，有一个富豪，请了几名保镖保护自己。这位富豪可谓富可敌国，因为他拥有的财富太多，所以他时刻担心自己的人身安全。为了让保镖更好地保护自己，以防万一，他给这些保镖提出了一些严苛的要求。例如，白天负责保护的保镖，任何时候都要确保自己在其保护范围之内；晚上负责巡夜的保镖也必须时刻坚守岗位，不得有丝毫疏忽。因为富豪给出的工资很高，所以，这些保镖都尽心尽责地工作。

一天晚上，一名保镖在巡夜看守的时候忽然做了一个梦，他梦见有一名刺客要来行刺他的主人。这名忠诚的保镖马上把这个不祥之兆告诉了主人。富豪听说这件事之后，谨慎起见，第二天便躲了起来。在富翁躲起来后的当晚有一刺客想爬墙入屋，因为这名保镖早有准备，所以，这名刺客还没有进入屋内，就被这名保镖抓住了。第二天早上，富豪回到家中，这个保镖很开心地向主人汇报了情况，并将自己亲手抓住的刺客交给了主人，准备接受主人的夸奖。

令人想不到的是，富豪给了这名保镖一大笔赏钱后，当天就把他解雇了。保镖感觉既委屈又气愤：我及时通知你有危险，让你逃过一劫，还抓住了刺客，你却要解雇我，这根本就没有道理啊！于是，这名保镖便让富豪给他个理由，富豪不动声色地解释给他听后，保镖无奈地拿钱走人了。你知道富豪为什么要解雇这名保镖吗？

23 熟人作案

182

A 城最大的房地产商龚总死在了自己家的沙发上，神情平静自然，十分放松。经法医鉴定，得知他的致命伤是自右耳下至下颚的那一刀，伤口是被不知名的利刃划开的，导致他颈动脉及气管全断，血流不止，当场死去。也就是说，凶手用如此凶狠的手段作案，龚总恐怕没来得及喊叫就立即死亡了。

从死者过于放松的面部表情和坐在沙发上的姿势来看，杀死死者的应该是个熟人，而且是与死者关系比较近的人。正是如此，死者才不会防备对方，才会放心与他交谈，结果却被人陡然拿刀杀死。还有一点也很重要，警察调查过现场后发现，现场全无反抗的迹象，室内也没有被翻动的痕迹，也没有丢失什么金银财宝、贵重物品，这都说明此案不是财杀，应是单纯以谋杀此人为目的的杀人案。

警察在勘测过现场后，在玻璃门、后院走廊及草坪上均发现了血迹，后院的后门不远处还有一双沾满血迹的长胶皮手套，因此，警察推测，凶手在杀死龚总之后，很可能打开了面对庭院的玻璃门，经庭院由后门逃走的。而那双胶皮手套，很显然，是凶手为了防止自己被喷出的血溅到，或留下指纹而做的防护措施。

那么，龚总为什么会在家中被人杀害呢？他这么一个大富豪，怎么不见保镖之类的人呢？原来，龚总虽然是 A 城财政界的隐形操纵者，但是为人潇洒豪迈，也不搞保镖、用人那一套。也正是因为龚总财大气粗，每天来找他谈生意、帮忙的人有很多，但龚总平易近人，一般只要有人来访，他不问对方是何身份，一律接见。或许正是因为龚总这样的作风，给了犯人一个可乘之机。

那天，发现尸体的是当天的第七位访客大雄，在他之前还有一位访客，名叫武二。但是，警察已经将这两个人的怀疑排除了，因为这两人与龚总没有仇恨，关系也很陌生，而且他们是前来寻求龚总帮助的。根据现场的利刃、胶皮手套来看，凶手是有预谋地计划性犯罪，那么，他们怎么能愚蠢到自报名号、直接登堂入室去杀人呢？因此，警察断定凶手另有其人，而且，凶手应该是从后门经庭院而进入客厅的。这也就是说，凶手应该是与死者相熟的人，以聊天为名目，再伺机行凶。

警方在过滤了龚总的亲戚及朋友关系后，发现有四名颇具可能性的嫌犯：

1. 高大壮，是一名外科医师，他的父亲曾与龚总共同经营公司，但之前由于受到龚总的打压，目前已退出管理层。

2. 王喜达，曾经是龚总的秘书，半个月前因为挪用公款被发现而解聘了，是一个左撇子。

3. 龚娟娟，龚总的侄女。由于龚总没有子嗣，所以龚娟娟为遗产继承人之一。据了解，她和龚总最近有些不愉快，因为她的婚姻遭到了龚总的反对，曾被龚总警告“假如跟那个男人结婚，就取消你的遗产继承权”。她可能因此心怀杀机。

4. 胡家瑞，是一名推销员，同时也是龚娟娟的男朋友。胡家瑞曾向龚总推销过一部国外进口的高级汽车，结果不知道什么原因，龚总跟别人说自己“上当了”，买的车不值那个价钱。

请大家推理一下，四个人中，究竟是谁杀害了龚总？

24 富翁之女被绑事件

183

富翁李老板的女儿被绑架了，他立即向警察报了案。警察向李老板询问事情经过，李老板说道：“我女儿被绑架那天，我的侄女正好学校放假了，她来我家玩。我女儿就缠着我侄女一起去公园玩了。当时，为了保证我女儿的安全，我还让我的助理跟她们一起出去了。没想到的是，众目睽睽之下，我女儿就被绑匪绑走了！”警察又去找李老板的侄女，发现她至今惊魂未定，也没能提供出什么有用的信息。没办法，警察只好在李老板家守株待兔，等待绑匪的来电。

很快，李家的电话响了。绑匪的要求很简单，让李老板在约定的时间向一个境外账户汇入 1000 万元及时生效款项，说收到钱他们就放人。与警方预料的一样，绑匪使用的是能够反追踪的网络电话，因此无从得知对方的具体位置。于是，警察就指示李老板多与绑匪说几句话，拖延一下时间。李老板就提出说要听一听女儿的声音。绑匪也很谨慎，只让李老板听到女儿喊了一声“妈妈”，就不让李老板的女儿说话了。不过，就在李老板与绑匪这几秒的谈话中，警方还是捕捉到了一些其他声音，觉得那边像有什么野兽在吼叫一样。所以，警察就出动了大批人力到动物园、养殖场等饲养动物的地方去搜寻。

很快，就到了绑匪约定的那个时间了，但警察依然没有找到绑匪的所在地。正当李老板忍不住要打钱的时候，林警官突然想到了这么一句话，“最危险的地方就是最安全的地方”，于是他想到了一个地方，马上带人前去搜索，果然找到了人质被藏匿的具体位置。请问，林警官推测的这个地方在哪里呢?

25 刀伤辨真凶

183

克罗尔原本是一名军人，他从部队退役后，到一家保安公司上班。由于他的性格疾恶如仇，与别人一言不合就大打出手，所以，他在镇上也结下了一些仇人。

一天，很晚了，克罗尔的妻子劳拉始终不见克罗尔回家，就沿着克罗尔平时的必经之路去找他。这条路是一条小路，而且崎岖不平的，路上也没有路灯。要在平时，劳拉是不敢大晚上一个人从这条小路上走的，但是，这次她要寻找自己的丈夫，所以只能压制住内心的恐惧，深一脚浅一脚地走在路上。走着走着，劳拉就被绊了一脚，等她爬起来，用手电筒想看看是什么绊倒了她之后，被吓得大叫一声。原来，她的丈夫克罗尔一声不响地倒在地上。劳拉用手一摸，发现丈夫已经没有了心跳，于是她赶紧报了警。

当地警察很快来到现场，把还在哭着的劳拉从这个身高一百九十多厘米的粗犷大汉身上拉开。警察发现，克罗尔是面朝下倒在地上的。从受伤部位及深陷在脸部皮肤里面的沙砾来看，克罗尔是先被人从后面刺伤后，因为行动受限才僵硬地倒在了地上。

法医鉴定后说，克罗尔身上的刀伤只有一处，一把狭长的匕首插在他的后颈下面。能看得出来，凶手非常有力，因为匕首整个刺入了身体，都割破了前面的锁骨下的动脉，并继续向下刺入肺部。由这个动作可以看出来，杀死克罗尔的凶手很凶残，他不仅将匕首刺入克罗尔身体内，还曾向下用力切割过。也就是说，凶手是很讨厌克罗尔的。

警察就开始调查与克罗尔有冲突的人。嫌疑最大的，就是几天前刚被克罗尔教训过的三个小混混。这三个人中，有两个人的个头都很高大，都接近 2 米。但是，另一个人的身高却只有一百八十厘米左右。有趣的是，这个最矮的偏偏就是他们三个人中的“老大”。

警方在经过了一番审问后，两个“部下”中的一个，也就是肤色较深的那个人“不小心”说漏了嘴，说自己是在“矮子老大”的示意下才杀了克罗尔。不过，警察看着这个身高近 2 米的大个子，却说他在说谎。请问，警察为什么会这么说呢？凶手又是谁呢？

26 一句话暴露的凶手 183

王富贵被人杀死了，他的尸体被丢弃在他家附近的那座山上。要不是山脚下的村民去山上砍柴，还没有人发现王富贵已经死了。这位村民看到王富贵的尸体后，立刻通知了警察。

警察带着人来到现场，进行了实地考察。等法医验尸后，将结果告诉了警察，警察认为这是一起蓄意谋杀案，是有人杀了王富贵，然后弃尸山野。于是，警察决定先去王富贵家中了解情况，就在当天来到了王富贵所在的那个村子——赵家村。

警察一走进赵家村，才知道赵家村很大，而且这里常年居住的都是一些外来租房子的人。王富贵就是靠租房子为生。正当警察不知道怎么去王富贵家的时候，恰好过来一个本地人张三，他知道王富贵家在哪儿，于是主动请缨，带着警察去王富贵家了。

一路上，张三都在问警察去王富贵家干什么，警察本着不能透露信息给他人的原则，始终没有回答这个问题。张三只好悻悻然地带着警察走路，在七转八拐地走了很长一段时间后，他们才来到王富贵家。当时，王富贵家的大门紧紧锁着，张三没好气地拍门喊道："王家媳妇，王家媳妇，警察来你家查案来了。"

王家媳妇虽然很快就开了门，但是，警察却表示不需要进去了，说自己已经知道凶手是谁了。请问，警察为什么这样说呢？凶手是谁呢？

27 神奇的鸽子钟

183

惠特尼被人发现死在她的书房里，警察立即派人来调查此案。

经过现场勘探后，警察发现了一个录音笔，而且，录音笔是打开状态！也就是说，在录音笔打开到现在的两个多小时内，书房里发生的一切都被录了音。于是，警察就开始认真听这个录音笔里记录的东西，想要从中发现破案的关键。

在这段录音中，一开始是长时间的静寂，接着就是有人敲门的声音，然后就是两个人的谈话，具体内容是工作上的一些细节和交易。两人说着说着，警察就听到一声惨叫，接着是窸窸窣窣的整理东西的声音，最后，录音笔又重新回到安静中。

根据录音机上记录的时间来看，当时来找惠特尼的很可能是她的经理纳罗利。于是，警察就去找纳罗利。纳罗利说自己不是凶手，但是他又无法提供不在现场的证明，因此，他只能被警察收押到警察局。但是，由于录音在该国不具有权威的法律效力，只有参考价值，警察也只能怀疑纳罗利是凶手，必须在 24 小时内找到充足的证据，所以，他们又去惠特尼的书房进行搜查，希望找到一些线索。在这次的搜查过程中，由于搜查时间比较长，房间内的鸽子钟都在整点报时了。警长听到这次报时后，一看时间正是下午 5 点。瞬间，警长就明白了是怎么回事，并放了纳罗利。你能知道警长为什么吗?

28 不在场的证明

184

一夜大雪过后，早上的气温降到了零下5℃。刑警询问某案的嫌疑犯。当问到她有无昨夜1点左右不在作案现场的证明时，这个独身女人回答："昨晚9点钟左右，我那台旧电视机出了毛病，造成短路停了电。因为我缺乏电的知识，无法自己修理，就吃了片安眠药睡了。今天早晨，就是刚才，不到30分钟之前，我给电工打了电话，他告诉我只要把大门口的电闸给合上去就会有电了。"

可是，当刑警扫视完整个房间，目光落在水槽里的几条热带鱼时，便识破了她的谎言。

请问：刑警发现了什么?

Clue 2

迷雾重重，拨云见日

1 邮票藏在了哪里

184

一个小偷去参观国际邮票展览会，以极其高超的手段顺手牵羊偷走了展会上最珍贵的一枚邮票。这一过程恰巧被一名参观者发现了，他随即跟踪小偷到其居住的旅社，记下了房间号，并立即报了案。

时值盛夏，几分钟后，警察大汗淋漓地赶到旅社，立即展开现场搜查。但是他们发现小偷住的那间单人房里除了一架“呼呼”吹着的电扇外，只有一张床、一个圆桌和一个小柜子。捉贼拿赃，只有见到邮票才能定罪。

据店主说，自从小偷进来后，没有任何人进入这个房间，也没有见到小偷踏出房间半步，这排除了转移赃物的可能。警察再次进屋查找，终于把邮票找到了。

邮票到底藏在哪里？你知道吗？

2 邮票被盗的离奇过程

184

加力与简恩合谋将邮票展览中价值连城的古版邮票偷走，离开时简恩带着邮票，两人分开逃跑。

两天后，加力来找简恩，商量将邮票变卖分赃。简恩道：“现在风声正紧，我把邮票藏到秘密的地方。等过些日子，我们再取出变卖吧。”但加力认为，这是简恩想独吞邮票的诡计，不肯答应。

最后，简恩说：“这样吧，邮票由你保管，等风声过后我再来找你，这样你总可以放心了吧？”加力答应了简恩的建议。

简恩取出一把钥匙，说：“我把邮票藏在《圣经》第 47 页和第 48 页之间，这本《圣经》存放在距离这里三条街的邮局信箱内。这是邮局的钥匙，钥匙上有信箱的编号。你去拿吧，晚些我再与你联系。”

加力拿了钥匙便匆匆往邮局跑去，走到半路，他停了下来，低声骂道：“混蛋！竟敢骗我！”他跑回去找简恩，但简恩已逃之夭夭了。加力为什么说简恩欺骗了他呢？

3 神秘的盗贼

184

一个规模庞大的珠宝展在国际商贸大厅举行，其中最引人注目的是一颗巨大的钻石，价值超过千万元。

为了防止这颗钻石被人偷去，珠宝商特邀一家防盗公司设计制作橱柜，使用防盗玻璃，可以抵御重锤乃至子弹袭击，不会破裂。同时在会场中安装防盗设施，如摄像探头等。

一天，参观的人很多，一个男子迅速地走到了玻璃柜前，用一个重锤向柜子一击，玻璃竟然破裂，男子抢去钻石，乘乱逃走。

警方事后到现场调查，发现玻璃的确是防盗玻璃，而摄像头只拍到盗贼的手，看不见他的真面目。

那么到底谁是盗贼，他又用什么方法打破了防盗玻璃呢？警方根据防盗玻璃的特性，很快找到了盗贼。你能找出谁是盗贼吗？为什么？

4 真凶竟是教练

184

一个深夜，游泳馆外的路上发生一起拦路抢劫杀人案，正巧被游泳馆内跳水队的教练目睹。

这位教练是退役的跳水运动员。他报案称：案发现场离他住宿的房间阳台约50米，当时他正巧站在阳台上，他看见凶手是个理小平头的青年，月光下可看到青年右眼睑有一道疤痕。

于是，在游泳馆附近的有相似特征的青年王涛被传讯。警方在秘密搜查他家时起获一把与受害人伤口相吻合的大号弹簧刀，可王涛坚决不承认做过此案。

久审不下之后，侦察员对教练的证词重新进行了研究，终于恍然大悟，原来教练才是真正的凶手。侦察员发现了教练的什么疑点？

5 影子与谎言

184

道格拉斯先生租住在一间简易寓所中，寓所有三间平房，每两间房之间都用纸糊的隔屏隔开，每间房中的屋顶上都安装了一盏电灯，道格拉斯住在中间的房间里。他因为一起案件受到警方怀疑，关键之处在于，晚上九点半时，他是否一个人在屋里。道格拉斯一口咬定自己一个人在房间，两边的房客也分别说，那个时间，的确在隔屏上只看到一个人影。

听了这个说法，警察马上认定道格拉斯说谎了，警察是依据什么做出判断的呢？

6 玻璃上的污水

184

乔治先生是位考古学家，独自住在郊外的别墅里。他每年都有好几个月在外工作，不在家的时候，就委托邻居波尔帮他照看房子。

这一天早晨，乔治远道归来，波尔急忙跑来告诉他，前一天夜里他家被盗了。家里已被翻得乱七八糟，经过清点，发现丢失了几件价值昂贵的古玩和一大笔钱。乔治便请来沃克警长。

沃克警长向波尔了解失窃情况。波尔说：“昨天夜里我听见乔治家里有响动，便起来看看出了什么事。我走到别墅窗边，玻璃上结了一层厚厚的冰，什么也看不清。我便朝玻璃上哈了几口热气，这才看清屋里有个男人在翻箱倒柜。我冲进去与他搏斗，但盗贼很狡猾，让他给溜走了……”

“够了！”沃克打断了他的话，“你的把戏该收场了！你就是小偷！”

这是怎么回事呢？

7 背影与领结

184

大街上，一个妇女正在大吵大闹。正巧一位警察经过这里。“发生了什么事？”警察问。

那女人哭哭啼啼地对他说：“我的钱包被人偷走了。我正在路上走着，突然一个男人从我身后跑过来，撞了我一下，走了。后来，我发现钱包丢了。”

“你看见他的长相和穿戴了吗？”

“我只看到了他的背影，没见到长相。好像是个年轻人，我记得他戴着一个黑色的领结。”

“你说的全是假话！”警察严厉地说。

警察是怎样判断出她在说假话的？

8 不诚实的孩子们 184

父亲带着两个儿子去游乐园。他让他们自己去玩，不过要在晚上 5 点钟回到游乐园的大门口。可是，当他们最终出现在大门口时，已经是 5 点 30 分了。父亲十分生气，说要惩罚他们，以后一个月都不会带他们出来玩了。这时，哥哥开口说道：“爸爸，这可不是我们的错！当时我们正在坐过山车，可是正准备下来的时候，引擎突然熄火了。”父亲想了一会儿，突然板起了脸说：“我的孩子们，说谎是比不守时更糟糕的行为！”

父亲怎么知道儿子在撒谎？

9 瑞香奇案 184

格林太太花了很多年时间种植出一种名贵的灌木植物——瑞香。这种植物能开出十分美丽的花朵，而且由于非常耐旱，特别适合在当地种植。自然，这些瑞香也是格林太太最心爱的宝贝。

这天，格林太太准备外出度假一个月。让她头疼的是，她需要有人照料她的花园。最后她决定请同事卡罗尔小姐帮忙。格林太太告诉卡罗尔小姐要特别照顾这些名贵的瑞香。

当格林太太度假回来时，她正好看见卡罗尔小姐在花园里，旁边站着许多警察，而那些名贵的瑞香不见了。卡罗尔告诉警察，一定是有人偷走了它们，因为前一天晚上她还看到过这些瑞香。格林太太听到卡罗尔对警察说，这一个月里，她一直在照料这些植物，每天都给它们浇水，所以它们显得比原先更美丽了。

格林太太冲进花园，打断了卡罗尔小姐的话，她对警察说："卡罗尔小姐在撒谎！你们要仔细审问审问她。"

格林太太为什么这么肯定？

10 戴墨镜的杀手

184

郊区的一座公寓里住着两个年轻小伙子，一个姓李，一个姓冯。一天，下着大雪，胡警官和助手接到小冯的报警电话，说小李被人枪杀了。

胡警官和助手立即赶到现场，见小李头部中了一枪，倒在一片血泊之中。小冯说："我和小李刚才正在一起吃火锅，突然闯进来一个戴墨镜的人，对准小李开了一枪之后逃走了。"

胡警官看到桌上热气腾腾的火锅，说道："你撒谎，杀害小李的凶手就是你！"

请问，胡警官是根据什么做出这样的判断的呢？

11 赌博致命

185

威尔嗜赌如命，他把家里所有值钱的东西都拿去还了赌债，最后弄得自己妻离子散，没有安身之处。他在赌场认识了一个赌友，他们的遭遇非常相似，所以他们决定铤而走险，去抢劫银行。事发后两人按计划安全逃离现场。一转眼两个月过去了，警方仍毫无进展，威尔认为现在已经风平浪静，就拿着抢来的钱再次来到了赌场，结果又输得很惨。

第二天，当他再一次来到赌场玩得正起兴的时候，警察逮捕了他。威尔抢劫银行的事情并没有目击者，警察是怎么知道威尔就是抢劫犯的呢？

12 琴声的奥秘

185

一天晚上，汤姆如往常一样一个人在自家花园里弹吉他。每到夜晚汤姆都会弹些轻松的曲目缓解一天的疲劳。他正弹着，发现有两名黑衣男子躲在花园树丛后面，形迹可疑。汤姆没有大叫，也没有慌张，只是换了一首曲目，不一会儿两名黑衣男子还没搞清是怎么一回事就被抓进了警察局。

你知道汤姆用什么方式暗示了两名黑衣男子的行踪吗?

13 渔民因何遇害

185

有人在松花江边发现了一具男尸。报案人是一位世代在江边打鱼的渔民。尸体上有好多处伤口，在这个方圆 25 千米不见人影的地方，怎么会有具死尸呢? 渔民主动对警察说:“我怀疑此人是溺水身亡。”

警察一听反问道:“那他身上的伤又是怎么回事? ”

渔民想了想说:“应该是江里面的鱼咬伤的。”

警察思考一会儿，指着不远处的渔船问渔民:“那是你的船吗? ”

“是的。”渔民回答道。

警察直接来到船上搜查，从船舱搜出一把带血的砍刀。原来是渔民杀害了死者。

你知道警察是因为什么怀疑渔民的吗?

14 消失的子弹

185

女特务雪莉要去执行一个任务，但是坐飞机的时候要过安检。雪莉把自己的手枪做了改装，让它看起来像个玩具，但是子弹是没法改装的，雪莉必须想个办法把它藏起来。

是时候上飞机了，雪莉信心十足地走向安检员，安检员查看了雪莉的手提包，里面除了一些化妆品之外，没有别的。正当雪莉要上飞机的时候，安检员又命令她停下，之后雪莉藏在手提包里的子弹被发现了。

雪莉的手提包里明明是一些化妆品，子弹会藏在什么地方呢？

15 女士之死

185

一幢楼里的一位女士被枪杀了，凶手是从对面30米外的楼房用无声手枪射中她的。窗户是关着的，并且上面只有一个弹孔，也就是说，表面上凶手只开了一枪。但是很奇怪，被害女士的尸体上有两处弹孔，分别在胸部和大腿，且腿部的伤最严重，被子弹射穿，胸部没有被射穿，留有子弹。从这个现象来看，似乎凶手又开了一枪。可是，警察找遍了案发现场，都没有找到另一颗子弹，更不知道另一颗子弹是从哪里射入死者房间的。

邦德警长赶来后，很肯定地说："凶手只开了一枪。"

大家面面相觑，不知道邦德为什么这样肯定。你知道究竟是为什么吗？

16 黑暗中的杀人案

185

FBI探长杰克的公寓同威尔的住处相距不远。有一天晚上，杰克突然听到一声枪响，于是闻声赶紧往外跑，恰好碰上威尔。威尔喊道："汤姆被人枪杀了！"

杰克探长一边走一边听威尔说话："汤姆是我的客人，刚才我俩正在看电视剧，突然电灯全灭了。我正要起身查看原因，前门却突然打开了，闯进来一个人，对着汤姆就开了两枪。还没等我反应过来，那人已经无影无踪了。"

进入威尔的寓所后，杰克探长发现房间里面一片漆黑，只能用手电照明。杰克探长看到汤姆确实已经死去，就给手下打电话，让他们来处理后事。杰克探长则到车库里把被人拉开的电闸合上，屋子里的灯亮了。

等探长杰克到威尔的寓所后，问威尔："开闸后除了电灯亮了，你还听到什么声音没有？"

威尔说:“没有，一片沉寂。”

谁知，这时杰克探长却说:“够了，你就是杀人凶手。”

大家知道探长杰克为什么会做出这样的判断吗?

17 寓所抢劫案

185

一个画家的寓所遭到抢劫，警方立即赶到现场。他们发现大门是开着的。就在他们走进大厅时，突然听见从卧室传来阵阵痛苦的呻吟声，进去一看，原来画家身负重伤倒在地上。画家忍痛发出微弱的声音:“快……地道……”说着右手吃力地指向床底，警方随着他指的方向发现有一块板子。下面可能有地道，大概作案人是从这里逃出去的! 但是警方却没有找到这个地道的开关。就在这时，画家又用十分微弱的声音吃力地说道:“……开……关……掀……米……勒……”说完就断气了。警察反复琢磨着“……开……关……掀……米……勒……”这句话，然后环顾了一下四周，发现房间里有一幅米勒的画像，还有一架钢琴。警察立即认定开关设在米勒的画像后面。可是他们将画像掀开后，却没有找到开关。

就在这时候，一位警察灵机一动，找出开关之所在，并沿着地道一路追踪，将罪犯抓获。请问，你知道地道的开关设在哪里了吗?

18 苍蝇侦探

185

一天早晨，雷恩警探刚到警局，就接到了报案。报案人说自己是一家蔬菜园的管理员，他们蔬菜园里发生了一起凶杀案。雷恩警探接到报警后，就立即赶到了事发地点。

一到那里，雷恩警探就让法医去做尸检，而他则对死者的相关情况及周围的环境做了一个调查。过了一会儿，法医的医检报告出来了，报告显示，死者身上有多处刀伤，死亡时间为两小时前。

通过调查，雷恩警探得知这家蔬菜园是本地有名的绿色蔬菜基地，一直采用无公害的种植方法在培养蔬菜，而且这里所有的工作人员都是素食主义者。另外，这家蔬菜基地的所有生活及工作用品，都是由蔬菜园的管理部门统一发放、集体消毒，在每个人使用的工具上面都有这个人的标签。

得知了这个消息，雷恩警探就走进地下消毒室去查看这些刀具，他认为凶器就在这些刀具里面。果然，雷恩警探看到了很多摆放在一起的刀具，但这些刀具都一模一样，到底是哪一把呢？雷恩警探盯着那些刀具，突然发现，其中一把贴着“莱恩”标签的刀具上不断有苍蝇去那里“围攻”。雷恩警探眼前一亮，拿过那把刀对蔬菜园的管理者说：“凶手很可能是莱恩。”

请问，雷恩警探为什么做出这一判断？

19 以药探心 185

警方抓获了一个犯罪团伙，但在实施抓捕过程中，忙中出错，多抓了一个人。本来只有 4 个罪犯，结果却抓进来 5 个人。于是这个无辜被抓的人便大喊冤枉，真正的罪犯见有人喊冤枉，也跟着喊冤。警方一下子陷入了被动局面，怎样才能确定哪一个人是无辜的呢？

警方只好求助 FBI 犯罪心理学专家海伦博士。海伦博士想了一会儿，说：“只要利用罪犯的心理，便可以确定哪一个人是无辜的。”

他随手将一瓶水倒进药瓶里，对 5 个人说：“这是国际上最新推出的一种药，有一种奇特的药效，犯罪的人一喝下，保证从表情上就能表现出来，现在请你们每个人喝一瓶。”

这个方法确实很管用，很快他就把无辜的人找了出来。

你知道他是怎样分析的吗？

20 奇怪的密室杀人案 185

一天，在伦敦市发生了一起奇怪的密室杀人案。在一间空房里发现了一具少年的尸体，他是被绳子勒死的。这个少年几天前遭到绑架，被罪犯勒索了 10 万美元赎金后下落不明。

少年是在一间存放杂物的储存室内被勒死的。可奇怪的是，门从里面反锁着，而且墙板上有无数个铁制的钉帽儿。一切都表明，这间房子是纯粹的密室，大概是罪犯为了不让别人发现而故意选择了这间密室。

那么，这样一来，勒死少年后，罪犯又是从什么地方、怎样离开房间的呢？

负责调查这个案件的刑警很小心地进入这个房间后，用铁锤和拔钉器起开墙上的壁板，很快就发现了罪犯的诡计。

试问：罪犯是怎样逃离这间密室的呢？

21 死亡与鲜花

186

夏天，一名女侦探去郊游。她在河边的草丛里发现了一具尸体。尸体旁边有一个空果汁瓶。

女侦探马上报告了警方。警察赶来，发现死者身边的果汁瓶上有毒。搬动尸体时，下面正好压着一棵月见草，盛开着一朵黄色的小花。

警方验尸后说：“死亡时间大约在 24 小时之前，很可能是昨天下午在这里服毒自杀的。”

女侦探却不同意这个结论，她认为，死者并不是死在此地的，这里不是第一现场。也就是说，尸体是被别人扔在这里的。

请问：女侦探是怎么推断的呢？

22 请专家来断案

186

一天，城市中发生了一起疑案：一个被杀的男人躺在床上，法医在检查现场时，竟从没有血迹的枕套上验出血型。开始他们以为是被害者的唾液等分泌物黏在上面造成的，但用抗原体检验后，发现了 A 型和 B 型两种抗原，无法确定是 A 型、B 型、AB 型血的哪一种，而被害者是 O 型血。警察们绞尽脑汁，百思不得其解。

一波未平，一波又起。在该地中部，警察在一辆撞伤人的车的车轮上验出了O、A、B几种血型，这辆肇事车是撞伤人后仓皇地逃窜到山村的小路上被警察抓获的。这是怎么一回事？难道这辆车不止一次地出过事故？警方面对前后两个谜，前往警察科学研究所求教，这才找到了答案。

你能猜出问题出在哪儿吗？

23 被淹死的人

186

一天，鲁尼探长要去看望住在海边豪宅的好友克拉克。路上，他给克拉克打了电话，告诉他大约半个小时后到。

半小时后，鲁尼准时到达，可在客厅里等了5分钟，还不见克拉克出现。这时仆人特里说："老爷进去洗澡已经半个多小时了，会不会……"鲁尼探长撞开浴室门，发现克拉克已经死在了浴缸里。从初步检查的结果来看，他是溺水死的，死亡时间大概在半小时前。

警察赶到后做了进一步分析，发现克拉克的肺部有大量海水，而没有淡水残留。同时，整个下午只有仆人特里一个人在家，没有其他人来过。

鲁尼第一个反应就抓住特里，说他是凶手。特里拼命地否认，说他没有作案时间："鲁尼探长打电话来的时候主人还在接电话，从那时到现在只有30多分钟，可是从这里到海边却要一个小时，我就是坐飞机也来不及。"但鲁尼却一口咬定是特里干的。你认为鲁尼的理由是什么呢？

24 剧烈的毒酒要人命

186

20世纪30年代，有很多外国人都在中国居住、生活，闻名中外的大侦探道尔奇也因为喜爱中国的文化慕名而来。

一天，道尔奇有些事要办，应邀到杭州的一个小乡镇做客。道尔奇办完事后，就和他的好朋友一起坐在一家小酒店里饮酒。两人正聊得酣畅的时候，突然，隔壁桌上的一位客人突然倒地呻吟起来，而且还不停呕吐。据了解，这位客人是一家丝厂的老板，这次是来谈生意的。该老板一倒下，他带来的两名保镖立刻拔出枪，对准了与丝厂老板同桌的另一位商人。

道尔奇急忙上前询问，才知道对方刚谈成一笔生意，而且，丝厂老板已经开出了一张银票，双方这才共同喝酒庆祝。谁知，就在这时候，丝厂老板竟然中毒了！同桌的那位商人一脸惊恐，连连说与自己无关，吓得不知所措。

道尔奇没说话，只是走上前，摸摸温酒的锡壶，又打开盖子，看到壶里面的酒表面上浮着一层黑膜，肯定地说道："果然是中毒了……"

这时，丝厂老板虚弱地对道尔奇说道："这位朋友，请你救救我！他身上一定带着解毒药！请你让人搜出来……"

没想到，道尔奇却笑着说："他身上没带解毒药！这酒是你做东请客，他怎么有办法投毒呢？"

大家一听这话，都惊呆了！难道酒里没有毒吗？"有毒，"道尔奇笑笑说，"但这商人并不是凶手。"

那么，大家知道道尔奇说的是什么意思吗？

25 火灾的起因

186

一天中午，某户居民家里发生大火，导致 2 人死亡。由于房屋是由老式松木搭建而成的，所以，当消防队赶到现场时，火势已经无法控制，住宅几乎化为灰烬。这给调查起火原因带来了很大的困难。

邦德警长在现场做了仔细勘察，但令他失望的是，现场已经面目全非，根本无法找到任何有价值的线索。于是，邦德找来唯一的生还者进行询问。生还者名叫雪莱，今年 23 岁。据雪莱说：当天中午，丈夫和婆婆正在午睡，自己在厨房做饭。当她加热油打算炸鸡排的时候，因接电话耽误了片刻，等她回到厨房时，油已经起火。看见锅里的火花，她在慌乱中把桶里的油误当作水倒进了锅里，以致火势更猛。因过于害怕，自己逃出了房子。当她想起房中还有丈夫和婆婆时，大火已经蔓延得无法进入屋内。

看着悲痛欲绝的少妇，邦德的理智告诉他应该把雪莱带回局里做进一步调查。

你知道这是为什么吗？

26 森林公园深处的凶情

186

一个宁静的下午，有人报案称在森林公园的深处发现一辆高级的敞篷车，车上有少量树叶，一个老板模样的人死在车里。警方迅速封锁了现场。

“发现了什么线索？”警长问。

“法医估计已死亡两天，没有发现他杀的迹象，死者手边有装有氰化钾的小瓶，所以初步认定是自杀。”

“有没有发现第三者的脚印。”

“没有，地面上落满了树叶，看不到什么脚印。”

“请大家再仔细搜查现场，排除自杀的主观印象。这不是自杀，而是他杀后移尸到这里的。估计罪犯离开不到 1 小时，他一定会露出马脚的。”大家又仔细地进行搜查，果然发现了许多线索，追踪之下，当天便抓获了杀人犯。

请问：警长为什么认定不是自杀，而且罪犯没有走远呢？

27 飞机上的遗书

186

一日，亿万富翁查理乘坐私人直升机到海边别墅度假。一小时以后，直升机返回机场。驾驶员向警方报案，称查理在飞行途中，突然打开舱门跳机自杀了，座椅上留有一张遗书。

警方立即到直升机上勘察，查理的座椅上确实放着一张遗书，表明自己已经厌倦人生，所以自杀。随后，警方经过多方调查，发现了其中的破绽，判断遗书是由驾驶员事先伪造，杀害查理之后放在座椅上的。

请问：警方是通过什么得出这个判断的？

28 毛毯的破绽

186

一天，警方接到报案人说有人在家中自杀身亡。警方迅速赶到现场，见死者全身盖着毛毯躺在床上，头部中了一枪，手枪滑落在地上。床头的柜子上放了一张纸，上面写着："我挪用公款炒股，负债累累，只有一死了之。"警官走到床边，掀开盖在死者身上的毛毯看了一眼说："又是一起伪造的自杀案。"

请问：警官根据什么判断这不是自杀？

Clue 3

大胆想象，勘破真相

1 情报专家解数字暗号

o-ш 187

一天，美国特工情报局截获了一个犯罪集团发出的秘密暗号。这组秘密暗号很简单，由 7、8、9、10、11 五个阿拉伯数字组成。既然是秘密暗号，那么这五个数字一定隐含着重要的信息，这到底是什么呢？美国特工情报局绞尽脑汁也不能破译出来。因为事关重大，所以特工情报局丝毫不敢懈怠，向 FBI 探员们求助。FBI 探员得知消息后，立即派出了最优秀的情报专家罗伯森前往破译。

当特工情报局把这组秘密暗号从机密函件中拿出来，摆放在罗伯森面前几分钟后，罗伯森就破译了出来。原来这组数字隐含着一个恐怖组织头目的名字。

聪明的读者，你知道这个名字是什么吗？罗伯森是怎样破解出来的呢？

2 凶手的身高

o-ш 187

豪俪酒店发生一起命案，酒店服务生在打扫房间时，发现一名客人被刺死在浴室中。警方在浴室墙壁上的挂毯上，发现了疑为凶手蘸了死者的血迹写成的“复仇”两个大字。

负责此次刑侦案件的是身材短小精悍的克里特警长。别看他个子不高，但在警局里没人敢小瞧他，他是侦破大案要案的高手。由于豪俪酒店的管理比较宽松，因此自由出入的人也很多。每个楼层的监控设备显示，在被害者死亡的这段时间内，进入酒店的各类人员不下百人。可以肯定的是，凶手就在其中。但这些人并不一定都是酒店的住客，这就给刑侦工作带来了巨大的麻烦。

克里特警长先检查了死者的伤口，然后走到墙边抬头看挂毯上的血字。他在屋子里徘徊，快速思索，最后让警员重点调查“有接近案发现场机会的，身高在 1.9 米左右的人”。经过一番排查，警方在酒店里发现一位可疑人员，他承认了自己犯下的罪行。

那么，克里特警长是怎么判断出凶手的身高是 1.9 米的呢？

3 改造后的密室

187

英国曾经有一个名人叫马歇尔，专门喜欢搜集一些对达官贵人的名誉不利的证据，从中谋取钱财。曾经，马歇尔用高价买过一封皇室中人写的家书，他想借此捞一笔，但是对方拒绝了，于是他就将这封家书公布于众，导致当事人的婚姻失败。自此之后，那些达官贵人都十分害怕马歇尔。

一个冬天，一位名叫罗密欧的私家侦探接了一个案子，他的雇主说自己有一些把柄落在马歇尔的手上，但是他不想受马歇尔的控制，不想给他钱，所以才来找私家侦探解决这件事，希望私家侦探能将这些把柄偷回来。其实，这个把柄也不是什么大问题，只不过是这位雇主在年少时期曾写过的一封情书而已。但是，因为信中主人公的身份比较显贵，如果被透露出来的话，会影响到雇主和那位主人公的两家关系和婚姻生活，所以，这位雇主才想要将信件偷回来。

罗密欧一接手这个案子，就考虑过各种方式来拿回这封信，但是，却始终没有成功。最终，他决定铤而走险，亲自去偷。罗密欧凭借敏捷的身手和丰富的经验，悄悄地进入马歇尔存放证据的房间，然后娴熟地打开保险柜，把里面存放的所有马歇尔用来勒索人的证据、信件等统统扔进了壁炉。罗密欧亲眼看着这些东西烧完了，才计划离开。

在离开之前，罗密欧担心警察会抓到自己的把柄，于是就想找个方法扰乱一下警方的搜查视线。但是，用什么方法好呢？罗密欧看着窗子上的门闩和窗外厚厚的积雪，顿时计上心来，将这个房间改造成了一个密室。

果然，马歇尔看到自己的“财富”都化为了灰烬，十分生气，立即报了警。但是，警方虽然以入室盗窃的罪名立案了，却因现场是密室的原因而无法继续调查下去，导致这个案子最后不了了之。

请问，罗密欧是怎样将这间房屋进行密室改造的呢？

4 绊倒死亡事件

187

达西、吉姆和汤姆共同租住在一栋房子里。这一天，达西刚刚听说自己的商业培训考试通过了，他十分高兴，于是兴奋地跑去楼上，想要找吉姆和汤姆庆祝一下。或许是因为他太高兴了，没有看清脚下的路，导致他被楼梯上纵横交错的电线给绊倒了。幸运的是，他没有摔伤，只是将电线插头给踩掉了。于是，他就将电线插头插上插座，继续上楼了。

尽管中间有这么一个小插曲，但是并没有影响到达西的好心情。他兴高采烈地来到吉姆的房间，计划跟他说自己的事情。结果，他敲了很长时间的门，吉姆都不开门，于是，他只好自己拧开了门，竟然看到吉姆正倒在血泊之中！达西被吓得大叫一声，将隔壁屋的汤姆叫来。二人缓解了一下自己的慌乱，立马报了警。

警察查看现场之后，开始对他们进行询问。达西的叙述就是上面这些，而汤姆则说他虽然听到达西在叫吉姆的门，但是因为他一直在屋子里忙着用自己的台式电脑编辑文件，所以就没有出来。直到他听到达西大叫一声，感觉出事了，所以才出来看了看。

警察听到这里，提出要看看汤姆编辑的文件。于是，汤姆就领警察到他自己的房间，在开着的电脑里，打开了一个文件。但这个文件打开后，软件中却提示说上次关闭是意外关闭，问是否需要恢复文件。警察看到这个提示之后，立刻将汤姆抓了铐起来，并把他列为头号疑犯。请问：这是为什么呢？

5 水管中的窃贼

188

在富翁默克尔家中做用人的米歇尔被人指控偷盗，但是他拒不承认。这是怎么一回事呢？

原来，大富翁默克尔非常有钱，他有一座豪宅，宅中有亭台楼阁和山丘池塘。一天夜里，默克尔的这座豪宅中存放的一些珠宝被盗了。

豪宅之所以会被盗，是因为一到入夜时分，保全公司外派到这里的工作人员就会下班，并启动自动保全系统来保护豪宅的安全。自动保全系统启动后，任何人想要从外界进入豪宅，必然会经过一个无死角的摄像头。第二天白天，保全公司的人再次派人来这里上班。因此，警察就排除了窃贼是从豪宅入口进入豪宅的可能。

那么，窃贼是从哪里进来的呢？经过一番调查后，警察将重点锁定在豪宅里的水塘附近。因为就是在这里，默克尔曾打过一通电话，告诉家人他的珠宝藏匿在了哪里。默克尔说，他之前没有向任何人透露过放珠宝的位置，这次也是因为喝了点酒，比较开心，与家人聊了很长时间，才一不小心说漏了嘴。可是，就是在说漏嘴的当天晚上，珠宝被盗了。于是，警察就将目标锁定在了池塘周围。

果然，警察在水塘里找到了一根数米长的粗橡胶水管，并证实胶管的一端有米歇尔的唇纹，因此，米歇尔才受到了警方的怀疑。警察认为，默克尔在水塘边打电话的时候，米歇尔正藏在水中偷听，并通过延伸到水面上的水管呼吸。等他得知了藏珠宝的位置后，他当晚就偷走了这些珠宝。

那么，请问，警方的推断是正确的吗？

6 盘山公路的坠车事件 188

李政是一家集团的副总。最近，他好不容易休假一次，就带着全家一起到云南自驾游。本来是一件很好的事情，但是，李政的专用律师刘律师却接到警方的电话，说李政一家在盘上公路上由于没能及时刹车，导致整辆车冲下了山坡，无一人生还。警察让刘律师过来料理后事。

刘律师是李政的至交好友，李政的死对他产生了很大的震动。刘律师觉得，自己的好友做事认真谨慎，而且具有十多年的驾龄，不可能无缘无故因没能刹好车而酿成车祸，他觉得这其中肯定有什么原因。但是，当地警方已经把这起事件作为意外事故去处理了。事实上，由于坠落高度太大，车体损坏非常严重，车上的各部位的联动结构报废大半，已经无法判断事故起因是人为失误还是车体故障了。刘律师了解这点后，更加深了自己的怀疑。

等到刘律师处理完烦琐的后事，他来到了事发地点，想做一个实地考察。刘律师来到轿车冲下山坡的地方，看到山坡下很远的一个山坳里，被撞落的反光镜和车窗玻璃还在反射着阳光，晃在了刘律师的眼睛里。突然间，刘律师觉得有些奇怪。因为从这些痕迹上来看，他觉得这辆车不是滚落山下的，而是“飞”下去的，不然不会落在山下那么远的位置。根据这一点，刘律师觉得自己的怀疑是正确的。请问，你觉得刘律师的怀疑正确吗？

7 该追哪个嫌疑人

188

纳什具有很高的侦查天赋，再加上自己勤奋好学，年纪轻轻就成为小有名气的侦探。有一次，纳什接到了一个消息，说是晚上某公司的 2213 号房间，会有人进行非法交易。纳什本想混入公司内部，但考虑那样会暴露自己，于是就趁着公司下班之前，把一个微小的监听器悄悄地安装在了房门之上。通过这个监听器，纳什和他的伙伴们就可以在公司对面的楼上进行监听了。

晚上 7 点以后，公司职员都走光了。纳什和他的伙伴们在监听器里只听到了偶尔响起的电话声音，除此之外，没有听到其他声音。近两个小时后，寂静的走廊里突然响起了一阵“笃笃笃”的脚步声，之后是敲门声、开门声和关门声。接着纳什又听到了打开和关上手提箱的声音。非法交易的双方没花多长时间就完成了交易。纳什和他的伙伴们计算好时间，在买家的必经之路上等他。

出乎他们意料的是，有两个人从公司大门先后走了出来，并且每个人都拎着一个手提箱。其中一个人身穿休闲装和休闲鞋，另外一个人则是西装革履，穿着皮鞋。就在他们犹豫的时候，那两个人分别上了车，朝着不同的方向开去。纳什和他的伙伴们只有一辆车，根本无法同时追踪两个人。纳什思考了片刻，决定追那个穿西装的。

请问，纳什凭什么怀疑那个穿西装的是非法交易的买家呢？

8 聪明的飞贼

188

一天深夜，警察接到一起盗窃案件，报案人是电台主持人莉迪亚小姐。据莉迪亚称，她回到家里的时候一切都完好无损，但当她洗完澡从浴室里出来的时候，发现她摘下放在梳妆台上的宝石戒指不见了。

警官弗莱德进一步了解到：莉迪亚小姐洗澡的时候，大门是锁好的；窗户虽然是开着的，但是窗上设有防护栏。弗莱德确认了一下门窗，发现门和防护栏都没有遭受破坏的痕迹，而且莉迪亚小姐所在的房间是整栋大楼的第九层，所以可排除有人入室盗窃或在窗口使用工具盗窃的可能性。那么，罪犯是怎样盗走莉迪亚的戒指的呢？

正当弗莱德束手无策时，他在梳妆台发现了一根不起眼的火柴，还有手镯、项链、耳坠等饰物。他马上问莉迪亚："你确定只丢了那枚戒指吗？"莉迪亚说："是的，警官。"弗莱德想了想，便问莉迪亚周围是否有养鸟的邻居。莉迪亚对这个问题感到很诧异，但她还是做了如实回答："三楼的黑格斯养猫头鹰、四楼的玛格丽特养鹦鹉、六楼的史密斯夫妇养信鸽。除此之外，就没有了。"

弗莱德听完，信心十足地说："黑格斯就是小偷！"

他是怎么判断出来的呢？

9 相约"鸿门宴"

188

沈万山、赵思龙、刘叶三个人是从小一起长大的老朋友了，三个人即使结了婚，也依然聚在一起。有一次，三人相约在沈万山家中吃饭。沈万山是三个人中发展最好的一个，买了一座大别墅，经常约其他两个人来家里玩。所以，赵思龙和刘叶对沈万山的老婆沈太太也十分熟悉。

这次，还是像以往那样，沈万山和老婆在楼下的厨房为两兄弟准备食物，而赵思龙和刘叶两人则在楼上玩沈万山新买的游戏机。这是一款侦探推理游戏，而刘叶恰好是个推理迷，所以玩得很好，已经赢了赵思龙好几局。这让赵思龙很不爽，嚷嚷着非要赢刘叶一局才罢休。正当两兄弟玩得兴起的时候，他们突然听到楼下的沈太太大声尖叫，他们对视了一眼，不知道发生了什么，就赶忙丢掉手中的游戏机，跑下楼去看个究竟。

到了厨房，赵思龙和刘叶却看见自己的好兄弟沈万山倒在一片血泊中！两人一个赶紧打电话叫救护车，一个去看沈万山的伤势。他们发现，沈万山的大腿动脉显然被割破了，血喷了一地不说，现在还在不断流血，感觉整个厨房都快要被血"淹没了"。

等待警察和救护车的过程中，他们安抚了一下沈万山的老婆，让她安静了下来，这才知道发生了什么事。原来，沈万山和沈太太正在厨房忙活的时候，一个陌生人突然闯入了沈宅偷盗，却撞上了他们夫妇。他们夫妇刚想叫人，却被这窃贼用刀逼住了。后来，不知怎么回事，窃贼就刺伤了沈万山，血流了满地。沈夫人看着受伤的丈夫，被吓了一跳，不管不顾地大叫起来，却将窃贼吓跑了。接下来的事情，就是赵思龙和刘叶看到的那样了。

一会儿，警察到了。警察在听完沈太太的描述后，计划让沈太太将窃贼的长相、体形说出来，好抓捕窃贼，结果，刘叶却将警察队长拉到一边，说了几句话，警察队长回来后就将沈太太带走了。请问，这是为什么呢？

10 人为的“意外事故” 189

约翰警长做警察已经有二十多年了，他经历了很多有趣的、奇特的新鲜事，也见过了很多幸运人、倒霉蛋，没想到今天又碰见了一个。

这个人名叫伯德，正在追随一个名为“地慕斯”的旅行团一起旅行。这次，他们的旅行任务是穿越一片风蚀地貌地区。什么是风蚀地貌呢？就是既有沙砾，也有锋利的大石头的区域，地势比较坎坷，不好走，但是会让人有一种征服欲。这片地形中有很多大石头，这些大石头有两人高、三人高的，甚至还有更高一些的，不过也有一些石头也比人高不了多少。

这次，伯德和其他人一样，都是第一次来这种地方玩，所以，这里这么多奇形怪状的石头对他们年轻人十分有吸引力，他们在这里玩耍得很愉快。带队的领队完全管不了这些精力旺盛的家伙，就嘲讽他们是没有进化完全的猴子，总是围绕着这些原生态的石头上蹿下跳的。不过，领队还是细心嘱咐了他们，说这里的石头经过了亿万年的风雨侵蚀，早已变得脆弱不堪，而且有着无数突出的锋利边缘，顶部也不平坦，警告大家在玩耍的时候要小心，以免划伤自己，或是让自己从这些石头边缘滑落下去。

但是，领队千叮咛万嘱咐，结果还是出事了。领队正在休息，就听到有人喊：“伯德摔下去了！”领队一听，立即跑过去看，发现伯德从一块两人高的石头上摔下来，并且撞在了下面的石块上，当场就丢掉了性命。领队带领的旅行团出了人命，这让他十分恐慌，他担心自己会惹祸上身，或者是丢了这份工作，于是，他跑过去摘掉了伯德的墨镜，还想对伯德做一些急救措施，却发现已经没有用了。没办法，领队只好保护好现场，并赶紧报了警。幸好这个区域离城镇不算远，很快有警车和救援车到达。

警察到现场之后，很自然地询问事发的经过，和谁到过现场。当他们得知领队曾经摘下了伯德脸上的墨镜，并对他进行过急救措施后，警察当场就排除了领队的责任，并说："领队不用对这件事情负责，因为这不是一起意外，而是人为的蓄意杀人案。"

请问，警察为什么会得出这样的结论呢？

11 银簪与硫黄的故事

189

在一家饭馆后面的胡同里，路过的行人发现了一具女尸，被吓得惊慌失措的行人立即报了警。警察立即来到现场，并对现场展开了调查。

警察发现，死者的心脏上面刺着一根银制的簪子，这也是她的致命伤。经调查得知，死者名叫王晓梅，他的爸爸是王大川，是本市一家国际贸易公司的老板，非常有钱。王大川只有这一个女儿，因此十分宠爱她。而王晓梅又长得十分漂亮，从小就有很多追求者。王晓梅的死让王大川十分难过，他也难以接受，于是他特意拜托这次负责破案的刑侦队长，请他抓紧时间破案，以抚慰女儿的在天之灵。

法医在检验完尸体后，就将簪子拔了下来，并将上面的血迹擦拭得干干净净，将簪子作为重要证物上交了。刑侦队长看着从尸体上拔下来的那根银簪，他能看出簪子的顶部十分锋利，还发着冷冷的光。可是，奇怪的是，簪子的柄端却黑乎乎的，像是被烟熏过似的。于是，他不由想道："什么人会用银簪子去杀人呢？而且，这银簪子明显是女人用的东西，难道凶手是女人吗？"

王大川却说这枚银簪不是王晓梅自己买的，而是她的男朋友朱建军送给她的礼物。刑侦队长觉得这是一个很关键的线索，就带人去找朱建军询问。刑侦队长看到朱建军后，发现他是一个举止庄重的男人，看起来十分有修养，和王晓梅十分相配。或许是王小梅死掉的原因，朱建军看起来精神状况很不好，身上还有一股刺鼻的硫黄味。等刑侦队长问起来，朱建军才告诉警察，他因为得了皮肤病，身上需要涂一些带有硫黄的药，所以身上一股硫黄味不说，就连手指头都是黄黄的。

刑侦队长不想在朱建军的病情上多做询问，就问他和王晓梅最后一次见面是什么时候。结果，朱建军却说自己和王晓梅两个月前就分手了，两人已经很久没见过面了。刑侦队长听到这里，直接问道：“既然如此，那你为什么要杀了她呢？”

朱建军一听这话就哆嗦起来，大声说道：“你这是什么话，你凭什么说是我杀死了她？警官，请你礼貌一些，否则我就要控告你！”

刑侦队长笑了笑，依然确信是朱建军杀死了王晓梅。请问，侦探为什么确信凶手就是朱建军？他有什么证据吗？

12 合适的鞋子

189

美国的纽约市是一座繁华的城市，每当夜幕降临的时候，街道上五彩的灯光显得格外耀眼。在一家小杂货店里，店老板正在热情地接待前来光顾的顾客。

这时，店里来了一个不务正业的年轻人。他站在一处灯光昏暗的地方，周围的人都没有注意到他。年轻人的名字叫尼尔森，是个劫匪。等到小杂货店里最后一位顾客走出店门后，尼尔森突然冲到店老板面前用刀子逼迫他交出所有的钱。店老板丝毫不惧劫匪，和他打斗了起来。店老板的邻居看到这个状况赶紧报了警。尼尔森听到了警车声，怕被警察逮住，于是就准备逃跑。可是，店老板紧紧地抱住了他的双腿，不肯撒手。尼尔森无奈之下丢下两只鞋，光着脚逃跑了。

后来，警察找到了尼尔森，并且拘捕了他。在审讯尼尔森的时候，他坚决不承认自己曾经抢劫那家小杂货店。警察想了一个办法，就让劫匪尼尔森乖乖认罪了。

请问，聪明的读者，你知道警察运用了什么好办法吗？

13 神秘数字“732”

189

近日，美国联邦调查局得到了一个重要的消息，有一个毒贩以游客的身份，携带大量毒品进入了美国。这个毒贩的反追踪经验非常丰富，数次顺利躲过安检和国际刑警的追踪。FBI 探员们经过几天的努力，查明了毒贩藏匿的酒店，对他进行了秘密监视。据监视人员反映，这名毒贩的生活起居非常有规律，每天按时起床、进餐、出门、休息，也没有人来酒店与他接头交易。一次，警员趁着毒贩离开酒店，到他房间里搜查，结果没有搜出任何毒品，只在桌子上发现了一张五线谱，上面写着“732”三个阿拉伯数字。

FBI 探员看了这三个数字，思考了半天也没有任何头绪，不禁动摇了信心，难道他不是那个毒贩？然而探长并没有放弃，他找到了酒店经理，调来了监控录像。探长盯着录像看了好几个小时，发现毒贩的房间每天都有清洁工打扫，除此之外再也没有其他人进入。探长顺着清洁工这条线索继续想，突然一道灵光闪现。因为他发现毒贩在酒店住了五天，在这期间每天进入房间的清洁工不是同一个人。想到这里，探长又看了一眼那张“732”的五线谱，脸上露出了自信的微笑。

他赶紧召集了一众警员，带着他们悄悄来到了毒贩的房间，之后在床内找到了毒品。做好这一切之后，他们又埋伏起来，一举抓获了那个清洁工和毒贩。

聪明的读者，你知道探长凭什么判定毒品就藏在床内呢？五线谱上的数字到底有什么玄机呢？

14 真假郁金香

189

有一位贵妇人，在丈夫死后，继承了大笔的遗产。这位贵妇人最初把遗产存在了保险柜里，但她认为保险柜不安全，于是把遗产兑换成珠宝，藏在了屋内的花盆里。她认为，没有人会想到自己会把珠宝埋在沙土里。贵妇人买了几盆郁金香，把其中的一株拔了出来，把珠宝藏进去，之后又插上了一株假的郁金香。她试验过很多次，来家做客的客人都没有发现这盆假花跟其他真花的不同。于是她坚信自己的珠宝很安全，就放心地出去旅游了。

然而，贵妇人回来的时候，被屋里的景象惊呆了。原来，那一盆假郁金香被洗劫了，里面的珠宝全都被盗走了，而其他的真郁金香却还跟之前一样。贵妇人想了半天，也没有想出这是为什么。

亲爱的读者，你知道盗贼是怎样发现这盆假郁金香与其他的花不一样的吗?

15 辨别供词的真伪

190

美国的一家大公司的重要商业机密文件被盗了，该公司负责人在第一时间报了警。警方接到报警后，立即对此事展开了调查。没多久，警方锁定甲、乙、丙 3 人为犯罪嫌疑人。因为这份机密文件储存在加密的电脑中，所以作案者具有一定的密码破译能力。经过警方证实，3 名嫌疑人当中有一个人就是作案者。在审讯他们的时候，甲、乙、丙 3 人分别说了两句供词。

甲说:“我不会破译密码。我也没有偷走文件。”

乙说:“我会破译密码。但我也没有偷走文件。”

丙说:“我不会破译密码。是会破译密码的人作的案。”

在这 6 句供词中，只有两条是正确的，并且这 3 名犯罪嫌疑人中只有一个人不会破译密码。

聪明的读者，你能根据上述的条件，推出谁是真正的作案者吗?

16 根据两条车辙印来断案

190

有一位警察正在开车追踪一个盗贼。车开到半路上的时候，警察忽然发现地上躺着一个人。这个人醒来之后回忆说，有人把他打晕了，并抢走了他的自行车向着远处逃走了。警察断定这个逃跑的人就是盗贼，因为盗贼知道有警察追踪，所以想抢一辆车，以便早点儿摆脱警察。

警察开车继续追赶盗贼，追着追着来到了一个岔路口。主路一马平川，而岔路则是一段上坡土路。两条路上都有自行车轮胎的痕迹。其中左边的自行车前后轮胎痕迹深度相同，右边的前后车轮痕迹深度则不同。

你知道，这位警察该走哪边才能抓到盗贼吗?

17 哪一间房

190

一日，警探史蒂夫来到某饭店，准备参加朋友的婚礼，就在抵达该饭店的大厅时，他临时获得一个线报：有一对警方已经通缉多时的夫妻，正投宿在该饭店的三楼，为了避免惊动这对鸳鸯大盗，史蒂夫决定独自捉拿他们。他向饭店的前台工作人员出示了证件，查看了饭店的住宿记录，发现三楼有三间房间有人住。这三间房分别有两男、两女以及一男一女住宿，计算机上显示出的记录是：“301——男、男”；“303——女、女”；“305——男、女”。

史蒂夫心想：“看来，这对鸳鸯大盗一定是在 305 号房间。”于是，他火速冲到三楼，准备一举捉拿他们。

然而，就在史蒂夫要撞破 305 号房门时，饭店经理突然出现了。经理把他拉到一旁，悄声对他说：“其实，住宿记录已经被人篡改过了！计算机上显示的和房间里住客的身份是完全不符的。”

史蒂夫想了一会儿，只敲了其中的一个房门，听到里面的一声回答，就完全搞清楚三个房间里的人员情况了。

请问：史蒂夫到底敲了哪一间房门呢?

18 他有罪吗

190

有一家大型百货商店被人盗窃了一批财物。警察局拘捕了三个重大嫌疑犯：甲、乙与丙。后来，又经过审问，查明了以下的事实：

1. 罪犯带着赃物是坐车逃掉的；

2. 不伙同甲，丙绝不会作案；

3. 乙不会开汽车；

4. 罪犯就是这三个人中的一个或一伙。

在这个案子里，甲有罪吗？

19 离奇的连环杀人案 190

俄罗斯曾经发生了一起震惊中外的连环杀人案。当时，这名杀人犯接连杀了好几个人，弄得人心惶惶，但警察却始终弄不清凶手的作案手段，导致民众一度十分惊慌。

发生的第一起案子是这样的：那天刚下过雨，地上的泥土还十分松软。案发现场的地上除了留下了死者的鞋印之外，周围二十米内没有任何其他人的足迹。而且，或许因为下雨的缘故，周围包括死者的身上没有任何指纹。死者是因为头部遭到重创而死的，因为他的头部插着一根铁条。奇怪的是，从死者的衣着和表情来看，他除了在倒地的过程中产生了碰撞和死后挣扎的正常扭曲之外，找不到一丝一毫挣扎或者搏斗过的痕迹。此外，警察从死者的身份上，也找不出任何有用的线索。因为案子中可以参照的证据、情报很少，警察们一度陷入了迷茫之中，不知道该如何侦破此案。

接下来，凶手就好似在向警察示威一样，类似的案子又接二连三地出现了。这让警察十分着急，民众也很恐慌，总担心灾难落在自己头上。警察在调查了这些受害者后，发现这些受害者彼此之间没有什么关联，因此，警察们连共同的犯罪动机都找不到。没办法，俄罗斯警察为了早日破案，只好病急乱投医，找了一位民间很有名的侦探来协助破案。

这位侦探早年曾游历过欧亚非的许多国家，包括中国，所以，他对中国文化颇为了解。这位侦探在仔细认真地探查了每个现场之后，又带着人扩大了搜查范围，将命案现场周围 200 米的范围都看作案发现场，并在这个区域内仔细搜查，终于发现了凶手杀人的秘密，抓到了凶手。

请问，凶手杀人的秘密是什么呢？即凶手是如何将铁条插进受害者的头内的呢？

20 火中的魔鬼

191

莱茵街一户人家发生了严重的火灾，消防人员奋力将大火扑灭，然后在现场发现了烧焦的尸体，此后，他们把火灾事故转给了警察局处理。探长查理很快赶到现场勘查。案发现场被火灾破坏得面目全非，只依稀可确认死者是一名男性。后来通过进一步调查证实，死者正是这栋房子的主人皮特。从尸体蜷缩的形态来看，皮特很可能是先被杀死，之后才被焚尸灭迹的。那么，皮特和凶手之间到底有着怎样的仇恨，凶手不仅杀了他，而且连尸体都不放过呢？为此，警方进入了紧张的调查当中。

在盘查死者的一位邻居时，他们家的女儿突然跑出来，瑟缩发抖地对查理说："警察叔叔，我好害怕，有魔鬼要吃我。"查理不以为意，想哄哄她让她走开，但小孩仍不依不饶："真的，叔叔，魔鬼就是从隔壁那一家中跑出来的，你快去那家把魔鬼抓住吧，我好害怕啊。"

这句话引起了查理的注意，从那家跑出来的"魔鬼"，会不会就是凶手呢？他耐心地向小姑娘询问当时的情况。原来，皮特家着火的时候，小女孩看见了所谓的"魔鬼"。她房间的窗子刚好与皮特家的窗子相对，凶手很可能是从那扇窗户跑出来的。不过，小姑娘又补充道："那魔鬼还会动，一会儿变大一会儿变小。"查理思索良久，终于明白这到底是怎么回事了。然而奇怪的是，刚才怎么没见到这个"魔鬼"呢？

那么，这个"魔鬼"到底是怎么回事呢？

21 机灵的毒贩子

191

在一次突击搜查中，警探们排查了一间地下藏毒室。该藏毒室实际上是一个冷库，里面挂满了冻得坚硬的牲畜的骨架。由于到处都是坚冰，警探们携带的装备根本不足以破冰调查这些食材里面是否藏有毒品，所以他们将这些骨架全部拖到外面解冻。

但解冻之后，警方仍然未能在里面发现毒品。难道是消息有误？警方回到冷库，继续展开调查。难道是毒贩把毒品化成冰冻了起来？想到这里，警方立即关掉制冷的压缩机，然后封锁大门，让冰块自动解冻。

一周后警方再次来到地下室，发现多年积累的冰层，已经化成三四十厘米深的水蓄积在地下室里。对此，警方立刻在积水的四个不同位置取了水样，当场分析，发现水中并没有毒品成分。警探们面面相觑，不知道这群罪犯搞的什么鬼。一无所获后，警方只好把冷库归还给主人，并赔偿了主人的损失。

但数日后，警方再次接到消息，又有数量巨大的毒品从该藏毒室流出，并混入市场。这一次，警方换了一种方式进行搜查，终于稽查到了毒品。你知道上次失误是什么原因了吗？

22 巧妙的下毒方式 191

为某软件公司效力的软件工程师约克还有另外一个身份，那就是黑客。为谋取私利，他在私底下为各种公司服务，入侵这些公司竞争对手的数据中心，窃取数据、破坏程序等。警方接到受害公司的报案已经很久了，但由于约克的反追踪能力很强，直到最近警方才锁定了他。

警方找到约克的居所，在敲门无人应答的情况下，用暴力破坏了约克家的门锁，强行进入了屋内。但他们来迟了，原来约克已经死了。

尸检报告证明约克为中毒身亡。只见桌上的电脑仍开着，电脑前放着几块已经有些变质了的比萨饼。根据饼的形状和大小推测，约克只吃掉了其中的一块，就死去了。警方试图从电脑上正在被编辑的代码中找到一些有价值的信息，但信息显示约克死前似乎是在浏览网页，鼠标指针正指在一个“下一页”的屏幕按钮上。

警方最终未能在剩下的比萨饼上或者房间的任何地方，找到毒物存在的痕迹。只有在约克的食指指尖处，发现了微量的毒素。

此外，现场没有任何打斗的痕迹。令警方头疼的是：凶手是如何下毒的呢？

23 为什么要自杀 191

埃尔默最近很伤心，因为他的亲密好友兼邻居罗伊永远地离开了这个世界。关于罗伊的死，有人说是自杀，也有人说是他杀。作为罗伊的好友，埃尔默始终坚持认为罗伊是死于他杀，因为他无论如何都不相信，一个视力即将恢复、前程无比美好的人会以这种方式面对未来的新生活。然而，当 FBI 将事情的真相公之于众时，之前所有的质疑者都开始相信罗伊是死于自杀了。

事情要从半年前说起。罗伊是个盲人，小时候因为贪玩和保姆的失误，小罗伊从楼梯上摔下来，然后视力就开始变得模糊，那年他只有 6 岁。12 岁时，他的眼睛彻底失明了。在之后的 20 多年里，罗伊一直活在黑暗中。他多么渴望再看一眼这个美好的世界啊，但是他也知道，除非有奇迹发生。

直到有一天，邻居埃尔默有幸结识了一位眼科医生，这位医生曾成功治疗过几位失明患者，于是埃尔默非常急切地将这个消息告诉了罗伊。罗伊在医生的悉心治疗下，视力开始一点点地恢复，他别提多开心了。可就在最后一次复诊时，罗伊却突然在搭乘的火车上跳车自杀了，他的尸体是在穿山隧道里被发现的。

警方推测，罗伊很有可能是死于他杀，而罗伊的亲朋好友也一致认为罗伊是死于他杀。但警方苦苦搜寻，却迟迟找不到有力的证据。最后，他们只好向 FBI 求助。FBI 介入调查后，仅用了半天，就确定了罗伊是死于自杀的事实。而且他们有着充分的推理依据。

亲爱的读者，你知道罗伊为什么要自杀吗?

24 失踪的手指印 191

FBI 探员们在调查一起重大盗窃案件时，发现欧洲王室的一位名叫特丽莎的年轻女子可能是嫌疑人。她聪慧迷人，曾就读于瑞典皇家医学院，并在德国参加过专业的侦查培训。

FBI 探员们本欲直接调查，但美国政府出于政治关系考量，要求他们秘密调查，以免打草惊蛇。FBI 探员们几经周折，终于联系到特丽莎。他们精心设计了一次宴会，向这位美女发出邀请，试图借此取得她的指纹，好与盗窃案中留下的指纹进行对照。

宴会进行得很顺利，FBI 探员们如愿以偿地拿到了美女用过的高脚杯，交给鉴识人员检验，可得出的结论却是：高脚杯上没有美女的指纹。这就奇怪了，宴会上一直有人在监视着目标，亲眼看到她用高脚杯喝酒，而且她当日并未戴过手套，也未曾故意擦除过杯子上的指纹。那么，特丽莎到底使用了怎样的秘术，从而保证在高脚杯上没留下自己的指纹呢？在侦探们看来，她的手指并不异于常人，只是涂过透明指甲油的指甲显得晶莹闪亮，透着与众不同的气息。

那么，特丽莎用的是什么手法来迷惑众人的呢？

25 暴露的劫匪

191

艾莉娜小姐被一伙绑匪劫持了，劫匪们为了快速向她父亲索要赎金，就顺便发了一张照片给他，好让艾莉娜的父亲确认人质在他们手上。拍照的是绑匪当中一个穿着时髦的年轻人，年轻人酷爱摄影——谁说劫匪就不能有爱好呢？他拥有一台高端的全画幅相机。看着美丽的艾莉娜小姐，他反复调配光线和角度，用这台高端相机给艾莉娜小姐拍了照，一份留给自己，一份拷贝发给了她的父亲。拍摄的时候，光线很好，他特意让所有人都站到房间的另一端，这样避免被框在取景器里。

劫匪们很快就收到了赎金，也放回了艾莉娜小姐。但他们想不到的是，自从放走艾莉娜小姐后，团伙中的大部分人开始受到通缉。这是为什么呢？他们在交易过程中明明一直都没有现身啊？

26 爱的谋杀

192

嘉盛百货的售货员美代子被怀疑谋杀了她的男朋友矢野中村，原因是矢野提出分手，美代子无法承受，认为对方浪费了自己的青春，万念俱灰下做出了傻事。

警方询问了死者的邻居，这位自称秋山顺子的人告诉警方："大概晚上9点左右时，我听到楼上有各种家什碰撞和器具破碎的声音，夹杂着叫嚷和打斗声。我担心会出什么事，就打电话报了警。谁知道等你们过去，果然出事了。"法医的鉴定结果证实，死亡时间确实在当晚的9点左右。

但警方在盘查美代子时，她却说自己有不在场证明。证人就是她的好友池田夏。据池田夏介绍，她下班后乘坐环状地铁线回家，下车后偶遇多年不见的美代子，两人边走边聊，越聊越投机，以至于后来两人在休闲广场上坐下来互吐心声，一直到晚上11点左右。池田夏平时都7点半准时下班，8点在西城坐上地铁。从西城到东城要半个小时，所以她在东城下车的时候应该是8点半。碰到美代子时是下车没多久，因此不会超过8点40分。从那时开始，两人就一直在聊天，因为聊得投入，两人都忘记了时间，以至于分别时都已经11点了。

你认为美代子的不在场证明成立吗？

27 谁偷走了名画 192

秋季的一天，凯文警探接到报案，说美术馆的一幅名画被盗了。凯文警探火速赶到现场。

经过仔细检查，凯文在墙上悬挂的丢失了画作的画框下面发现一丁点废弃的纸屑。他正望着它发呆时，一只苍蝇在耳边嗡嗡掠过。凯文没去理会它，而是立即找来昨晚值班的四位管理员，一一询问。四位管理员的证词如下：

管理员甲说："我整理完馆内的资料以后，就离开了。"

管理员乙说："昨晚一做完清洁工作，我就回家了。"

管理员丙说："昨晚可真倒霉，给客人送咖啡时不小心弄洒了咖啡，还烫伤了手。客人走后，我就离开了美术馆。"

管理员丁说："昨天我就没来上班，因为我请假了；我请假是因为我的妻子，她最近在住院。”

四人谁都说自己是清白的，但是其中必有人说谎。根据四人的证词，凯文警探很快就抓到了窃贼。

请问，谁最有可能偷走了名画呢？

28 球场杀人案

192

约翰斯是一个非常有钱的大商人，他有着很多富商都有的爱好，那就是打高尔夫球。不过，由于约翰斯为人处世比较放肆，喜欢直来直往，所以他在商场得罪了不少人。约翰斯自己当然也深知这一点，不然他就不会雇用那么多干练的保镖来保护自己的安全了。也正是因为他出入都有很多保镖跟随，所以，他一直平安无事。

这一次，约翰斯又去打高尔夫球。像之前那样，他依然带了很多保镖。这些保镖在他进场之前，就训练有素地预先勘查了附近的地形，排查了附近可能存在的隐患和可疑人员，约翰斯才放心进去打高尔夫球。然而，约翰斯这一次打得很不愉快，因为他始终心神不宁的，总觉得远处似乎有人在用望远镜看他，甚至有时候他还能在很远的地方看到有玻璃在反光。

就这样，过了一会儿，约翰斯实在忍不下去了，宁可是自己的“直觉”错了，也不肯放松一下，于是就派手下的保镖去按照反光出现的方向追查原因。但是，领命离开的保镖还没走出去五分钟，他们就听到“嘭”的一声爆炸。等这些保镖匆匆回到球场的时候，发现约翰斯已经被炸弹炸死了。

有人报了案，警察立刻来到现场。警察发现整个现场惨不忍睹：富豪正处于爆炸的中心，他整个人被炸飞了，胸骨都塌陷了；球杆被炸成几段，完全不成样子；就连在附近的球童都被炸伤，要打的球更是不知所终。

根据保镖提供的信息，警察也顺着反光的方向去追查，但是一无所获。那么，炸弹又被凶手安置在了哪里呢？

Clue 4

先定假设，然后推理

1 多此一举的头盔

192

一天早上，美国的路易斯安那州发生了一起恶性杀人事件。当时，一位正在晨练的老人海明威正在沿着村庄通往外界的木桥上跑步，却在路边看到了一具死尸，尸体旁边还有一台翻了的摩托车。海明威吓了一大跳，立马报了警。

不过，由于村庄通往外界的这条路比较狭窄，尤其是案发现场不远处的那一座木桥，一次仅能容许一辆小车缓缓通过，所以，警察的到来花费了一点时间。不过，警察们的效率还是很高的，他们尽可能快地来到了现场。

经过调查，警察没有在现场找到什么明显的关于凶手的线索，不过法医已经验明了死者的死因。据了解，死者名为克伦威尔，就是本村人，这一点随便在村里一打听谁都知道，海明威也能作证。据熟悉克伦威尔的人描述，克伦威尔是一名赛车手，他经常会在夜里的时候，在这条没人的主路上练习赛车。往常的时候，克伦威尔会和他的伙伴，同时也是他的竞争对手卡斯迪奥一起来这里练车。但是，因为卡斯迪奥前些日子受伤了，所以现在就只有克伦威尔在练习了。

为了详细了解克伦威尔的事情，警察就去在家养伤的卡斯迪奥家寻问。卡斯迪奥听闻了克伦威尔的事情，表示非常悲痛，因为他们两人有一个共同的梦想，那就是代表本地区出赛。他难过地说道：“我这次在练车中，由于车速过快而摔倒，导致我伤了四肢和脊柱，以至于我的四肢协调性变差了，可以说一生都与赛车无缘了。但是，我一直以为克伦威尔能代表我俩去参赛的！因为克伦威尔在赛车技术方面还是很有天赋的，只要好好练习，一定能够取得名次。谁知道现在竟然出了这种事！”

警察觉得卡斯迪奥没什么问题，就从他家离开了。离开的时候，卡斯迪奥的妻子送警察出的门。或许是为了彻底摆脱警察对卡斯迪奥的怀疑，他的妻子一直在说自己的丈夫卡斯迪奥和克伦威尔是很好的朋友，卡斯迪奥受伤后还特意送给克伦威尔一款超级加厚的头盔，就是为了防止他在练习中受伤。当警察听到这里后，瞬间觉得卡斯迪奥不是那么无辜，他怀疑正是卡斯迪奥害死了克伦威尔。请问，警察为什么会这样怀疑呢?

2 很久不用的枪

192

警察局里，科波菲尔正悲愤地向警察陈述着事情发生的经过。

今天早上，科波菲尔正和妻子在家中吃早餐，他的家中却来了一个不速之客。这个人是他年轻时候的情敌，他现在的妻子就是他从这个人身边抢过来的。所以，这个人一直对科波菲尔怀恨在心。他一进门就要找科波菲尔决斗。

科波菲尔不可置信地说道："我没想到他对这件事耿耿于怀这么多年。他杀气腾腾地进来，觉得我当年夺走了他的爱人，才让他穷困潦倒这么多年，而他也愤怒我妻子当年的背叛，所以他想要我妻子和我的性命。我实在太害怕了，就拿出多年不用的那把手枪吓唬他。谁知道我长时间不用那把手枪，都生疏了，竟然被他抢了过去。他把枪一夺走，就连开两枪，先杀了我妻子，又朝我开枪，不过被我躲了过去。后来，我看到爱妻被杀，不要命地冲过去和他搏斗，终于抢下手枪，并将其射杀。这就是事情的经过。"

警察听完科波菲尔的陈述，没有说话，而是掂量着手中装着那把手枪的物证袋，问了科波菲尔一个让他晕头转向的问题："你说你这把手枪已经多年不用了。那么，在你将这把枪收起来的时候，是否做过维护保养？"

科波菲尔被警察问懵了，他仔细回忆了一下才回答说做过保养。请问，警察为什么会问这个看似无关的问题呢?

3 智官巧断案

193

在一座村落里，住着一个穷小子朱大。他虽然一无所有，但他是一个虔诚的佛教徒，每天都要去山中拜佛。也许是因为朱大的虔诚打动了观音菩萨，一天，他在去拜佛的途中，捡到了一颗晶莹剔透的宝石。朱大很开心，觉得自己可以吃饱穿暖了。

在回家的路上，朱大看见了老熟人不智和尚，就兴高采烈地把自己捡到宝石的事情告诉了对方。不智和尚听完朱大的讲述后，对朱大说这颗宝石是佛祖对他的恩赐，朱大应该感谢佛祖，立即去庙里上香拜佛，并念一个月的经文。而且，为了显示朱大的虔诚，他在这一个月之内不能回家，否则，宝石马上就会消失。

朱大对不智和尚说的信以为真，但他还是觉得自己应该回家把宝石交给父母后再上香拜佛。不智和尚说道："你既然已经有了拜佛的念头，就应该立即去做，不然佛祖会怪罪你的。你可以把宝石给我，我会带给你的父母的。"就这样，朱大把宝石交给了不智和尚，他两手空空地去庙中念经拜佛。

一个月后，朱大念完了经，就往家里走去。远远地，他见自己的家还是那个破败的茅草房。回到家中后，朱大的父母依然在为每天吃什么而犯愁。朱大询问后，才知道自己上当了，压根就没有什么和尚前来送过宝石。朱大很生气，就把不智和尚告上了官府。

县官了解了事情的来龙去脉后，就派人传唤不智和尚。等不智和尚来到公堂后，县官问道："你能证明你现在拥有的那颗宝石是你的吗？"

"我能证明！"不智和尚说道，"我有三个证人！"

于是，县官就让不智和尚将他的三个证人带了上来，并让人取来五块泥巴，分别交给朱大、不智和尚和这三个证人，让他们 5 个人在隔离开来的情况下，将这颗宝石的形状捏出来。等到众人捏完后，县官检查了每个人手里泥捏的宝石，终于得出了结论，说不智和尚在骗人。请问，县官是怎么得出这样的结论的呢？

4 死亡时间的推断

193

一位名叫伊丽莎白的护士在自己家中被杀了，还是小区的管理人员发现的。当时，距离伊丽莎白没有来上班已经一周时间了，医院也联系不到她，就托人来她居住的小区找人。结果，当小区管理员带着伊丽莎白的同事去敲门的时候，始终没有人开门，没办法，小区管理员和伊丽莎白的同事报了警。

等警察来后，他们破门而入，这才在厨房看到了伊丽莎白的尸体，她的胸口还插着一把厨房用刀。

根据尸体的腐败程度来看，法医推断伊丽莎白死于 3 天前。确定了死亡时间之后，警方就开始筛查与伊丽莎白有联系的、有作案动机和条件的人。很快，警察调查到，伊丽莎白在死前曾发现同一家医院的医生杰克逊在利用职务之便出售违禁药品，伊丽莎白将这件事情告诉了她的好朋友安娜，并说要去医院领导那里告发杰克逊。因此，警方合理推断，觉得杰克逊医生有很大的嫌疑。然而，当警察着重调查过杰克逊医生后，发现伊丽莎白死的时候，杰克逊医生正在做手术，有充分的不在场证明。难道凶手真的另有其人？案子陷入了“瓶颈”之中。

警察只好再一次来伊丽莎白家进行现场调查，想要发现点什么。幸运的是，功夫不负有心人，警察这次搜遍案发现场的每一个角落后，在伊丽莎白的厨房垃圾桶内，发现了一个摔坏了的温度计。在这个摔坏了的温度计上面，显示温度为 50 摄氏度！警察瞬间就知道了是怎么回事，立即回去将杰克逊医生捉拿归案。请问，警察为什么要捉拿杰克逊医生呢？

5 猜猜看谁是凶手

193

小阳的妹妹是小蒂和小红，他的女友叫小丽。小丽的哥哥是小刚和小温。他们的职业分别是：小阳是医生，小刚是医生，小蒂是医生，小温是律师，小红是律师，小丽是律师。

这 6 人中的一个杀了其余 5 人中的一个。

（1）假如这个凶手和受害者有一定的亲缘关系，那么说明凶手是男性；

（2）假如这个凶手和受害者没有一定的亲缘关系，那么说明凶手是个医生；

（3）假如这个凶手和受害者的职业一样，那么说明受害者是男性；

（4）假如这个凶手和受害者的职业不一样，那么说明受害者是女性；

（5）假如这个凶手和受害者的性别一样，那么说明凶手是个律师；

（6）假如这个凶手和受害者的性别不一样，那么说明受害者是个医生。

根据上面的条件，请问凶手是谁？

6 心怀鬼胎的男人

194

胡兵是一个很有礼貌，很懂得为别人着想的人。凡是和他打过交道的人，都称赞他是一个诚实可靠、热心助人的小伙子。

一天，胡兵在公司的休闲区坐着休息，看到他对面的座位上放着一个黑色公文包。胡兵以为是别人放在这里的，就没当回事，继续休息。半个小时后，他要离开了，还是没有人来拿这个包。胡兵就想："这不会是谁落在这儿的吧？"于是，他就走过去拿上包，准备交到公司大厅的接待处那里。

走在路上的时候，胡兵和别人撞了一下，公文包被撞到了地上，里面的文件掉了出来。胡兵一看这些文件，发现是一份珍贵的技术资料！胡兵是个技术狂，他发现这份资料上记载的信息远在整个城市的水平之上，顿时十分爱惜。胡兵看着资料中新颖的思路和精确的数据，突然不想将它交给大厅的工作人员了，他想拿回去研究一下。纠结了一会儿后，胡兵把公文包里的文件放在自己包中，准备晚上带回家里去研究，接着他将公文包放在了大厅处。

可是，就在当天晚上，王小姐——胡兵在公司的暗恋对象来找他，问他是否在公司的休闲区看到了一个公文包。胡兵说道："我是捡到了一个公文包，但是我已经将包交给前台了。怎么了，有什么问题吗？"

王小姐说道："里面有一份非常重要的技术文件弄丢了。你有看到吗？"

胡兵尽量克制自己的紧张，面色平静地摇摇头说道："没有。"说完，胡兵就借口自己要睡觉，想要将王小姐送走。谁知，王小姐却好似知道胡兵在说谎一样，就搬出法律条文、公司制度等规定，还说偷拿文件是一种犯罪行为，将来会受到怎么样的惩罚，等等。吓得胡兵抖如筛糠，冷汗直流。最后，胡兵只好实话实说，并交出了这一份资料。

大家知道王小姐是怎么看出来胡兵在刻意隐瞒的呢？

7 蹊跷的报案者 ○— 194

一个冬天的傍晚，一名 FBI 探员信步走出旅馆，想去附近的湖畔欣赏冬日的美景。现在他正在度假，这里景色优美，空气清新，是一个非常难得的度假场所。虽说天气很冷，温度是零下 5℃，但他依然感到很惬意。不过，探员在这里也难以真正置身于案件之外。

探员正走着，一个浑身湿透的男子突然气喘吁吁地向他跑来。那人的衣服湿漉漉的，紧贴在了身上。他朝着探员叫道："先生！快救救我的朋友吧！我们刚才在湖面溜冰，冰面破裂了，他不慎掉入了冰河，我跳下去捞了半天，怎么捞也捞不着，我都冻得快不行啦！"

探员心想，看来自己是注定不能享受片刻的宁静与悠闲。探员徒步走了有 1500 米，赶到了那里，发现在裂洞旁边有一双溜冰鞋。那位男子解释说："当时我刚把溜冰鞋脱掉，不想玩了，可他却坚持再玩一会儿。可谁想……唉！"

探员低着头思索了一会儿，却把怀疑的目光盯在了这名男子身上。请问，探员为什么怀疑这名男子有蹊跷呢？

8 枪击事件的时间 194

一天夜里，某小区发生了一起枪击事件，小区的人都被吵醒了，只有 4 个人在醒来的第一时间看了表，他们分别是甲、乙、丙、丁。著名的查尔斯侦探正好住在这个小区的附近，他得知此案发生后，急忙赶到了现场。在侦查了现场之后，他找到了这 4 个看了表的人，并询问了他们。这 4 个人对于嫌犯何时作案的时间分别做了如下回答：

甲："我听到枪声是 12 点 8 分。"

乙："不会吧，应该是 11 点 40 分。"

丙："我记得是 12 点 15 分。"

丁："我的表是 11 点 53 分。"

作案时间如此不一吗？其实，这是因为他们的手表都不准。一个慢 25 分钟，一个快 10 分钟，还有一个慢 12 分钟，最后一个快 3 分钟。

请问：如何通过这 4 个不准确的时间来确定作案的准确时间呢？

9 颠倒的车牌号 194

一辆汽车肇事后逃逸了，警长柳多维克立即赶到了出事地点。

一位目击者说："当时我通过后视镜发现自己车的后面有一辆车突然拐

向小路，飞驰而去，就顺手记下了那辆车的车牌号。”柳多维克说：“那可能就是肇事的车，我马上叫警察搜捕这辆 18UA01 号车！”

几小时后，警察局告知柳多维克，见证人提供的车号 18UA01 是个空号。现在已把近似车号都找来了，有 18UA01 号，18UA10 号，10AU81 号和 18AU01 号，共 4 辆车。

柳多维克环顾了所有的车号，然后从四辆车中找出了那辆肇事车。请问是哪辆？

10 集中抓捕行动

194

在一次集中的抓捕行动中，一名刑警紧追一名歹徒，就在刑警将要把罪犯抓捕归案的时候，歹徒跑到了一个正圆形的大湖旁边，跳上岸边唯一的一艘小船拼命地向对岸划去。刑警不甘心就这样让歹徒逃走，他骑上一辆自行车沿着湖边向对岸追去。现在知道刑警骑车的速度是歹徒划船速度的 2.5 倍。请想想：在湖里面的歹徒还有逃脱的可能性吗？

11 盗墓者的自首

194

一天，一个被警察追踪多年的盗墓者突然前来自首。他声称他偷来的 100 幅壁画被他的 25 个手下偷走了。他说，这些人中最少的偷走了 1 幅，最多的偷走了 9 幅。他记不清这 25 人各自偷走了多少幅壁画，但可以肯定的是，他们都偷走了单数幅壁画，没有人偷走双数幅。他为警方提供了 25 个人的名字，条件是不要责罚他。警察答应了，但是，当天下午，警长就下令将自首的盗墓者抓了起来。你知道这是为什么吗？

12 盗犯能逃脱吗

194

警长抓住了一个特别狡猾的盗窃犯，把他交给了监狱长。监狱长将盗窃犯关在了监狱中最严密的牢房中，从未有人从这个牢房逃脱过。牢房是一条笔直长廊最里端的全封闭部分，外面有 5 道铁门，它们以不同的频率自动重复开启和关闭：第一道门每隔 1 分 45 秒自动开启和关闭一次；第二道门每隔 1 分 10 秒自动开启和关闭一次；第三道门每隔 2 分 55 秒自动开启和关闭一次；第四道门每隔 2 分 20 秒自动开启和关闭一次；第五道门每隔 35 秒自动开启和关闭一次。在某个时刻，5 道铁门会同时打开，也只有在这时警卫会出现在第五道铁门外，他将通过长廊查看盗窃犯是否在牢房内。如果盗窃犯离开牢房在长廊里待的时间超过 2 分 30 秒，警报器就会报警，警卫会闻讯赶来。狡猾的盗窃犯能从牢房中逃脱吗?

13 博物馆失窃案

195

纽约博物馆里发生了一起盗窃案，报案人是晚间值班的警卫大卫。据大卫向警察描述，在晚上十点左右的时候，他刚上班就发现 2 号间的一件中国名人字画被盗了，而且，2 号间的门还大开着，门口还留了一张字条，字条上用中国墨水写着“取我物”几个字。

警方对中国字并不了解，他们只好找来研究中国文化的专家帮忙。经过专家鉴定，写在门口上的字用的是古老的中国墨汁写的，而这种墨汁现在只有专业的书法家才会使用。于是，警察的搜索范围就缩小到卖这种墨汁的商店。走访了附近的这些卖墨汁的商店后，他们了解到经常购买这种墨汁的只有固定的几个人，但是，商店并不知道这些人都是谁。没办法，警察只好只用老办法——埋伏，蹲守在商店附近，看是否能够等到买墨汁的人。

幸好，功夫不负有心人，警察终于等到了他们想要等的人，并循序查到了这些人的相关信息。警察将这些人召集起来，让他们按照博物馆所留的字重新写一遍，看一看谁的笔迹比较像。然而，这些人都是专业的书法家，他们临摹的水平也很高，导致很多人写出来的字体都和留在博物馆的字体很像。也有一个例外，这个人说自己的名声只是媒体吹捧出来的，其实他的字迹很差。但是，警察听了这个人说的话后，却认定这个人是凶手。请问，警察是根据什么判断出这个人是凶手的呢?

14 作案时的亮光 195

詹森太太叫来警察，说自己的丈夫被人杀死了。据她陈述，当晚，她和丈夫在熟睡之中，突然间她听到一声惨叫，就睁开了眼睛。她马上看到床前站着一个黄皮肤的男人，头发已经斑白，他手中的刀还在滴着血，而这些血明显是自己那倒霉的丈夫的，因为他的胸口还在汩汩地向外冒着血液。不过对方也发现了詹森太太已经醒来，瞬间就扭过头去逃走了。

警方听完詹森太太的介绍，提出了一个疑点："这么说，你醒来的时候，屋子里的灯就已经开着了？不然你怎么可能在漆黑的夜里看到凶手的面容呢？""是的，灯已经开了，而且是我们家最亮的那盏白光灯。我偶尔在卧室里做针线活，必须有足够亮的光线才能看清布料上面那些精细的纤维。"

那就奇怪了，警察想。

警察为什么觉得奇怪呢？

15 神秘的电文 195

一天早晨，正在值班的缉私警察小王截获了一份神秘的电报。上面的内容为："朝，货已办妥，火车站交接。"

小王马上将电报交给了处长。处长接过电报看了一遍，认定是上次交易未成功的毒品走私团伙残余人员再次进行秘密交易的电文。处长立刻进行了周密的部署，决心要把这伙毒贩一网打尽。

这时，小王拿过电文，一边看着，一边有些犯难地说道："处长，我看我们还是很难抓到这伙毒贩子，你看，这份电文只有接货地址，没有接货的具体时间，我们的破案无从下手呀！"

听到小王的话，另一位警察也接过话头说道："小王说得对，我们的确无从下手，可我们又得破这个案子，我看我们只有 24 小时进行秘密监控，何时有动静就何时行动！"

"你说的话更是不可能，我们有多少警员？再说，这不是大海捞针吗？"一位民警说道。

“你们就不要争了！”一直沉默不语的处长开口说话了，“其实这份电文，已经明明白白告诉了我们交易的时间。”

很快，根据处长的安排，这伙毒贩子全都成了警察们的阶下囚。

你知道处长是如何破译这份电文的吗？

16 藏匿赃物的小箱子 195

夜晚，一个身手矫健的黑影趁门卫换岗的机会，溜进了一家民俗博物馆，盗走了大批珍宝。

侦探阿密斯接受这个任务后，马不停蹄，迅速地把本市所有的珠宝店和古董店都调查了一遍，但一无所获，没有一点线索。无奈，阿密斯找到了大名鼎鼎的探长斯密特向他请教。

“请问，假如你偷了东西，你会藏到珠宝店或者银行的保险箱里吗？”斯密特探长反问起来。

“哦，我当然不会。”阿密斯答道。

斯密特探长说：“我看你不必费心了，不要到那些珠光宝气的地方去找，应到那些不起眼的地方找找。”

他们说着话来到了城边的贫民区。阿密斯一脸的疑惑：“这里能找到破案的线索吗？”这时，一个瘦弱的年轻人从身后鬼鬼祟祟地闪了出来，他低声说：“先生，要古董吗？价格很便宜。”

“有一点兴趣。”斯密特探长漫不经心，“带我去看一看。”

只见那年轻人犹豫一下，斯密特马上补了一句：“我是个古董收藏家，要是我喜欢的话，我会全部买下来的。”

那人听说是个大客户，就不再犹豫，带着他们走过一个狭小的胡同，来到一个不大的制箱厂。在这里有一个青年，在他面前堆满了由 1 到 100 的数字组合编上的号码的小箱子。

等在这里的青年和带路人交谈了几句，就取出笔算了起来，他写道：“xxx+396 = 824。”显然，第一个数字应该是 428，他打开 428 号的箱子，取出了一只中世纪的精美金表。忽然，他看见阿密斯腰间鼓着的一块像是短枪，吓得立刻把金表砸向阿密斯，转身就跑。阿密斯一躲，起身去追没有追上，就马上返回了。

斯密特探长立刻对带路人进行了审讯。

“我什么也不知道。”带路人看着威严的警察，“我是帮工的，拉一个客户给我 100 美元。”

“还有呢？”斯密特探长追问。

“我只知道东西放在 10 个箱子里，他说过这些箱子都有联系，而且都是 400 多号的……”

“联系？”斯密特探长琢磨起来。接着，他发现一个有趣的现象：把 428 这个数字的不同数位换一换位置，就是 824。这就是说，其他的数字也有同样的规律！斯密特探长不用 1 分钟就找到了答案。

斯密特探长是怎样找到答案的呢？

17 谎言破案

195

格雷手脚麻利地将布兰顿的尸体悬挂在其生前租用的小楼的顶楼上。当他想锁门离开时，才发觉锁门要用钥匙，急切中找不到便没有锁门。两小时之后，他驾着车与哈莱金一道回到这幢房子。

“布兰顿近来因离婚心情很不好。”格雷对哈莱金说，“本来我早该来看看他的，可是没人知道他把自己藏到哪儿去了。今天上午他突然打电话给我，说他不想活了，我这才问明了他的住址，我想您跟我一起来也许能开导开导他。他在电话里说他住在德拉维尔街 126 号一幢白色楼房里，我们大概已经到了。”

哈莱金先走下车子，见大门虚掩着，便推门而入，扭亮电灯。5 分钟之后，两人在顶楼上发现了布兰顿。正当他俩面对悬在梁上的尸体瞠目结舌时，楼下传来“吱”一声开门的声响。哈莱金跟着格雷赶到楼下的后门，只见一个漂亮的小姑娘站在门口。

“我妈妈叫我把这瓶牛奶送给布兰顿先生。”她甜甜地说。

哈莱金接过牛奶，待女孩离去后，立即给警察局打了个电话。警察赶到之后，哈莱金立刻请求他们将谋杀嫌疑犯格雷拘捕候审。

请你快速判断一下，哈莱金为何看出布兰顿死于他杀呢？

18 凶手可能是美国人 195

在旧金山的一家宾馆内，有位客人服毒自杀，名探劳伦接报后前往现场调查。

被害者是一位中年绅士，从表面迹象看，他是因中毒而死。

“这个英国人两天前就住在这里，桌上还留有遗书。”宾馆负责人指着桌上的一封信说。

劳伦小心翼翼地拿起遗书细看，内文是用打字机打出来的，只有签名及日期是用笔写上的。

劳伦凝视着信上的日期：3.15.99，然后像是得到答案似的说：“若死者是英国人，则这封遗书肯定是假的。相信这是一宗谋杀案，凶手可能是美国人。”

请问：劳伦凭什么这么说呢？

19 被撕毁的两页书 195

谢老实是教育局的一位副局长，但是，一天，他却被人发现死在了自己家中。据法医鉴定，谢老实是被重物砸到后脑勺而死的。警察在调查过现场后，确定凶器就是死者身边碎掉的那个花盆。同时，死者的身旁还有一本摊开的成语字典，书上缺少了两页，而那两页正好被攥在死者手中。上面有两个成语，分别是有口难言和引火自焚。

警察在经过一系列排查后，认为嫌疑人主要有三个：

1. 常年在外偷情，嫌谢老实太本分不识趣的妻子谢夫人；
2. 谢老实的上司，教育局局长林亚；
3. 刚刚因为行贿受贿而被革职的中学校长郝聪明。

请问，这三个人中谁的嫌疑最大呢？

20 徒有虚名的富翁 195

在夏洛特去世之前，他绝对是一个集万千瞩目于一身的成功人士。因为他不仅有着英俊的外表、挺拔的身材，还因为他去年凭借着自己的“美色”成功娶到了市里的头号佳丽梅佳达，曾一度招致大家的羡慕，尤其是那些对梅佳达爱慕有加的人，更是嫉妒夏洛特的幸运。不仅如此，人们还听到一个说法，说夏洛特不久前接受了一个远方富翁亲戚的遗赠，得到了一笔数目很可观的遗产。于是乎，一个刚刚 20 岁出头的小伙子，既有美人在怀，还有可观的财产，更是让人分外眼红。

但就在人们对夏洛特的嫉妒稍微下去一点的时候，一个爆炸性的新闻登上了这座城市的报纸头条——夏洛特被人枪杀了！一时间，整座城市的人都在讨论这件事，都是揣测夏洛特被杀的原因。

据一个知情人透露，夏洛特是在自己家的院子中被枪杀的，他的妻子梅佳达则被打晕了，躺在一边，而他们的房屋被翻了个底儿朝天。不过，由于梅佳达刚被救醒，还处于迷糊的状态，所以她也不知道自己家到底丢失了什么东西。当然，警察已经确信的是，夏洛特家其实没有什么东西值得被偷的。因为之前坊间说的关于夏洛特继承了一笔遗产的传言是假的，纯属虚构！

梅佳达说起这件事情也很气愤：“前一段时间，我的父母觉得我们的生活比较困难，就给了我们一笔小钱，帮助我们还房贷。但是，我不知道是谁这么坏心眼，竟然到处宣传说我的丈夫得到了一笔飞来横财，将这一笔小小的赠予渲染成一笔大钱。实际上，夏洛特根本没有什么富翁亲戚。结果，就是这些流言，给我们带来了很多麻烦。”

如果梅佳达的父母知道这件事，应该也会很难过吧！他们不过想帮助一下自己的女儿，却给他们带去了这么大的灾难。

听了大家的看法后，警察也觉得是有人在嫉妒夏洛特得到的这一笔飞来的横财，所以才为钱杀人。因为，警察认为这是一件为财杀人的案件。那么，请你来推断一下，你认为警察的推理方向正确吗？

21 浴室作案之谜

196

杰瑞正在吃晚饭，只见邻居布朗小姐突然闯了进来，大惊失色地喊道："小偷把我的钻石项链偷走了。"

杰瑞跟随布朗小姐来到案发现场，布朗小姐说道："刚才我在洗热水澡，浴室门是关着的。当我洗完澡打算穿浴衣时，从镜子内看见一张瘦削的面孔，脸上还有颗痣，咧着嘴对我笑。我当时以为他要杀我，可他却关上门走了。我从浴室回到客厅，发现钻石项链不见了。"

杰瑞是位经验丰富的侦探，他听完布朗小姐的叙述，又看了看她还在往下滴水的头发，便什么也没说就走了。

难道杰瑞不想帮布朗小姐把钻石项链找回来吗?

22 南极命案

196

在冰雪覆盖的南极雪原上，发现了一具尸体，死者是一位考察极光的工作人员。离尸体不远处，有一块像被烧焦似的异状石头，正是这块怪异的石头击中了死者头部，致其死亡。

然而，其他工作人员勘查现场后发现死者周围只有他一个人的足迹，并且没有发现其他异常，更令人百思不得其解的是杀人凶器竟是石头。面对被千年冰雪覆盖的南极大陆，我们根本看不见地面，也不可能找到石头。

那么，死者到底是如何被杀害的呢?

23 谁偷走了宝剑

196

一个富翁有三个儿子。一天，富翁发现自己最喜欢的宝剑不见了，奇怪的是剑鞘还在。富翁马上报了警，邦德警长来到富翁的别墅。在对现场和剑鞘取证的过程中，他发现剑鞘上有富翁和大儿子、二儿子三个人的指纹。

邦德问富翁："都有谁碰过这把宝剑？"

邦德回答："我和我的三个儿子都碰过这把宝剑。"

邦德听完后，对富翁说："是你小儿子将宝剑拿走了！"

富翁不相信，可在警方严厉审问之下，富翁的小儿子最终交代出自己取走宝剑的经过。

邦德是如何猜出宝剑是被小儿子拿走的呢？

24 服务员的证词

196

在一家很有名的酒店里发生了一起命案。重案组在勘查现场时，女服务员反映："当时我听到房间里有声音，便悄悄走到门口，通过门上的锁孔向里看。我看到一个男人杀完人后，从房间左侧的瓷罐里拿出什么东西装到了衣袋里，然后从右侧窗户逃走了。"

重案组人员听完，立即将女服务员带回去做进一步的调查，因为她在说谎。

你知道重案组人员是根据什么推测出女服务员在说谎的吗？

25 仓库被盗之谜

196

古董商伯德的仓库里放有 10 只装有珍贵古董的箱子。当他天亮查看仓库时，发现少了 1 只箱子，于是立即报了警。他对警长说，仓库的钥匙只有他一人有，而且整天贴身挂在脖子上，不可能有人动过。警长现场查看，发现仓库是个封闭式的小屋，只在屋顶上开了个小天窗，窗上安装着拇指粗的铁栅栏。虽然铁栅栏已少两根，但上面织满了蜘蛛网，说明不会有人从这里钻进来。

警长大惑不解，找到刑事专家帮忙分析案情。刑事专家问："除了伯德本人，还有谁知道仓库里有古董箱子？"警长说："有个叫卡特的，是伯德的外甥，因为嗜赌，早已被伯德赶出去了。但是蜘蛛网没破，他也钻不进来呀！"刑事专家说："如果确实没有第三人知道仓库内藏有古董箱，那么，这箱古董就是卡特偷的。"后来，侦破的结果证实了他的推断。

请你推理一下，卡特是怎样进入仓库的?

26 嫌疑犯买米

196

一个城市发生了一起命案。为了尽早破获此案，警方派出大量警力追查凶手。一周以后警方抓获一名嫌疑人，并对其进行突审。结果审问半天，依然没有收获任何有用的消息。没办法，他们只能请来了 FBI 的工作人员。他们一到达案发现场就展开了密集的调查。一名 FBI 的警员问道："7 号晚上 6 点你在做什么？"

嫌疑犯说："我那天下班发现家里没有米了，就去米店买米，不巧米店只剩下 30 斤米，我说买 25 斤米。这时又来一个人买米，要买 10 斤。老板说自己着急出去办事，要用最短时间把大米卖给我。他用一斤米斗称米，称了 5 下，就把剩下的 25 斤米卖给我了，没有卖给另一个人。"

FBI 警员略加思索一番："你是怎么知道米袋里只有 30 斤米的？"

犯罪嫌疑人说："老板告诉我的。"

FBI 警员没有接着往下审问，直接把犯罪嫌疑人给押进大牢。大家知道 FBI 的工作人员为什么不接着审问了吗?

27 局长是想跳楼自杀吗

196

国税局的亚瑟局长被人举报说他参与了一起重大的贪污案件，因此，他正面临着警察的调查。警察已经掌握了一些信息，他们有亚瑟局长受贿的证据，但是却没有收网，是因为他们想借此抓住亚瑟局长背后所属的利益集团更多的犯罪资料。然而，就在警察撒网捕大鱼的时候，亚瑟局长却跳楼自杀了!

警察在检查过亚瑟局长的尸体后，发现亚瑟局长有可能是被杀的。为什么这么说呢？虽然亚瑟局长是从一栋 12 层高的居民楼顶坠落的，但是，在亚瑟局长的肩胛骨处，还有一处枪伤。于是，警察推测，是有人追杀亚瑟局长，枪杀不成，又把他推下了高楼。

警察去亚瑟局长坠楼的现场进行调查，发现这栋楼比对面的楼要高 2 层左右。而且，经过现场勘查，警察更坚信了自己的看法。因为对面的那座楼和这座居民楼离得太近了，如果亚瑟局长在这里主动跳楼，力气小了的话，在下坠的过程中可能会被本栋楼阻碍到；力气大了，倒是有可能中途就撞上对面的楼，在最终摔死之前遭遇数次皮肉之苦。所以，亚瑟局长即使要跳楼，也不会选这栋楼。因此，警察肯定是有人在后面追杀亚瑟局长了。但问题是附近新建的高层公寓里，当时位置更高的几个目击者都称他们只看到亚瑟局长一个人在楼顶上跑，并没有发现有人追杀他。那么，那人是怎么让亚瑟局长掉下楼去的呢？

28 三个嫌疑犯谁说了真话 197

FBI 探员们最近协助纽约当局的法官抓获一个国际盗窃犯，最后锁定了三个嫌疑犯。一天，FBI 探员们和法官们一起，开庭审理这三个嫌疑犯——大卫、科波、费尔。负责审理这个案件的法官是这么想的：肯提供真实情况的不可能是盗窃犯；与此相反，真正的盗窃犯为了掩盖罪行一定会编造口供。因此，他得出了这样的结论：说真话的肯定不是盗窃犯，说假话的肯定就是盗窃犯。FBI 探员们听闻法官的想法后，都认为法官想得十分正确。而且，审判的结果也证明了法官的这个想法是正确的。

于是，当审问开始后，法官先问大卫：“你是怎样进行盗窃的？从实招来！”大卫叽里咕噜地回答了法官的问题，因为他讲的是某地的方言，法官根本听不懂他讲的是什么意思。法官又问科波和费尔：“刚才大卫是怎样回答我的提问的？”科波说：“法官大人，大卫的意思是说，他不是盗窃犯。”费尔说：“法官大人，大卫刚才已经招供了，他承认自己就是盗窃犯。”

听了科波和费尔的话之后，这位法官马上断定：科波无罪，费尔是盗窃犯。

请问：法官为什么能根据科波和费尔的回答做出这样的判断呢？

Clue 5

雾里看花，迂回行进

1 纪念馆的难题

197

杰弗逊纪念馆是坐落在美国华盛顿广场的一座建筑。这座纪念馆已有一定的年头，并且一直开放。目前，它表面的涂层出现了脱落，更严重的是，有些地方出现了裂纹。政府担心杰弗逊纪念馆会有安全隐患，于是派出了专门人员前去调查，争取早日解决安全隐患这个难题。

调查员来到了杰弗逊纪念馆，最初认为是酸雨腐蚀了纪念馆的表层。随着调查的深入，调查员从搜集来的数据发现，冲洗纪念馆的清洁剂也含有强酸，会对纪念馆造成侵蚀。由于该纪念馆每天都要冲洗多次，所以它受强酸侵蚀的程度很深。

为什么杰弗逊纪念馆每天要冲洗多次呢？调查人员带着这个疑问继续展开了调查，他们发现原来纪念馆每天都会被燕子粪弄脏。为什么这里会出现如此多的燕子呢？这是因为纪念馆上经常会有蜘蛛出现，而燕子非常喜欢吃蜘蛛。那么这里为什么会出现这么多蜘蛛呢？因为纪念馆上有许多飞虫，而飞虫也正是蜘蛛喜欢的食物。可是为什么这里的飞虫这么多呢？因为这里有飞虫繁殖的良好环境。为什么这么说呢？因为从窗子里照射进来的阳光和这里的尘埃非常适合飞虫繁殖。这里对飞虫来说无异就是一个温床。这里繁殖了许多飞虫，进而吸引了蜘蛛、燕子。燕子吃饱喝足了，自然就会在这里方便了……

调查人员找到了问题的根本所在，接下来就要解决这个问题了。有一个最简单的方法可以解决这个问题，你能猜到是什么吗？

2 吞蛋送命

197

王忠准备生吞十枚鸡蛋。他这样表演，是因和朋友打赌引起的，可惜他不知道其中一个朋友赵三对他有谋害之心。

王忠打开第一枚鸡蛋，仰起头猛吞下去，接着又吞下两枚，赢得了全场的掌声。

第四枚鸡蛋被一口吞下时，只见王忠脸色一变，吐了一口鲜血，话也说不出来了。

在场的人大惊，忙把他送进医院，经抢救才脱险。

警官接手调查此案，查到鸡蛋是赵三提供的，里面藏有钢针，于是逮捕了他。

你知道赵三是如何把钢针放入鸡蛋的吗?

3 恶棍是怎么赶上公车的 197

小镇上有一个人，性格孤僻，从不和别人来往。他每天的生活，就是骑着自行车去集市上买一捆干草，切碎了给自己心爱的小马吃。由于经常骑自行车，这个人的骑行技术锻炼得非常高超。小镇上有人见过，这个人在一个冬天的早晨骑自行车，为了避免撞车不得不在光滑的冰面上刹车，当时，自行车以前轮为轴转了 180 度，他居然还可以稳稳地把车控制住。由此可见，这个人的车技有多么高超了!

就是这么一个车技高超、性格孤僻的人，却在家里被人杀了。事发当天，居住在附近的邻居听到这个人的住处传来一阵惨叫，但是，由于该邻居和这个人平时没什么走动，邻居犹豫了一会儿才去查看，就发现这人死在了家中，邻居这才报了警。

警察接到报案后，立即来这个人家里调查。警察发现，这个人的家中并没有少什么东西，连死者最钟爱的马也没有少。不过，不知道为什么，马厩中的弹簧门是开着的。当时，死者的自行车还停在马棚边上。既然如此，是什么人要行凶呢?

正当警察飞快地分析案情的时候，有人举报说前一天看到死者和邻镇上的一个恶棍在吵架，两人还发生了打斗。得到这条线索之后，警察立即去调查这个恶棍，结果，这个恶棍却有自己不在现场的证明。恶棍说:“我是和死者发生过争吵，但是我没有杀他。他死的时候，我正坐着下午 2 点的班车回到我所在的那个小镇，怎么有时间杀人呢? 而且，这个小镇通往我们小镇的班车只有这个车站有，我要去杀人的话，就赶不上班车了。”

警察听完恶棍的话，计算了一下路程，发现恶棍如果杀人后再步行到车站是赶不上 2 点的班车的，而且，这个小镇上也没有人让恶棍搭过车。这么说，如果恶棍没有快捷的交通工具的话，确实不可能行凶了。事实真的如此吗？

4 因酒被抓的窃贼

197

英国著名的化学家海明威研制出了很多化学产品，因此获得了很多项发明专利，并获得了一大笔钱，成为英国有名的富翁。人一有钱，就怕被惦记上。这不，海明威就被人惦记上了，这个人就是海明威的朋友华生。

事情是这样的：一次，海明威邀请华生到家中做客。因为华生是个嗜酒如命的人，海明威有钱后买了很多名酒，两人就喝了一瓶，结果都喝醉了。因为醉酒的关系，海明威放松了戒备，就将自己买了很多名贵真品的事情说了出去，还带着华生一起看了他的那些藏品。其中就有一幅名画，华生非常喜欢，看了好久。于是，华生就想要将这幅他喜欢的画据为己有。一天夜里，华生趁着海明威外出，就潜入海明威家，将这幅名画偷走了。就在华生要离开的时候，经过客厅时，被餐桌上的一瓶高档名酒吸引住了，他无法克制自己的欲望，又拧开酒瓶喝起酒来。就在这时，华生听到门外有声音，他以为海明威回来了，就着急逃走了。走的时候太慌张，连酒瓶一起拿走了。

第二天一早，海明威就发现自己的那幅画被盗了，他一猜就是华生偷走的，但是又没有证据，只好找另一个好友福特侦探帮忙。福特侦探来到海明威家，闻到房间中弥漫着一股酒味，就说道：“我有办法让罪犯自投罗网了。”

请问，福特侦探想出了怎样的妙计呢？

5 虚假爱情故事

197

梅迪娜是个命运悲惨的女孩：她很小的时候，生活十分优越，但是，在她 5 岁那年，她的父亲因病去世了。梅迪娜的父亲担心自己的妻子将来再嫁后不能很好地照顾女儿，所以，他将大部分的遗产都留给了女儿。

不过，为了确保女儿在成长期间可以衣食无忧，梅迪娜的父亲当时特意找律师制定了一个比较安全的遗产发放方式：在梅迪娜没有结婚之前，会每月通过给付生活费的方式，付给梅迪娜的生母；当梅迪娜结婚后，遗产中剩余的那些钱将直接付给梅迪娜本人。

后来，梅迪娜的母亲就带着梅迪娜再嫁了。或许是因为梅迪娜没有亲生父亲的缘故，她变得非常自卑、内向，除了有一个从小和她一起长大的好朋友金妮之外，她从不肯和别人交流，每天除了去上学就是在家看书看电视。慢慢地，梅迪娜长大了，到了情窦初开的年纪。梅迪娜看了很多爱情小说，非常渴望拥有一段真挚的感情，于是，她鼓起勇气，开始出门社交，想要找到自己的另一半。

一次，梅迪娜跟随母亲和继父去参加继父一个朋友的家庭聚会，在聚会上，梅迪娜认识了一个温文尔雅的男人。梅迪娜越和这个男人交流，就越觉得这个男人就是为自己量身打造的，和那些爱情小说中描绘的那些男主角一样完美！很快，梅迪娜就和自己的梦中情人坠入爱河。两人谈了很长一段时间的恋爱，梅迪娜越来越爱这个男人，不止一次和母亲、好朋友金妮说过，自己一定要嫁给这个男人。

梅迪娜和男人的恋情渐入佳境，她也答应了这个男人的求婚。然而，就在梅迪娜答应求婚的第二天，这个男人给她打了一个电话，说自己有事外出，让梅迪娜等他。就这样，这个男人再也没有出现过，梅迪娜去他家找他，发现他的父母也不见了。梅迪娜以为这个男人惹上了什么麻烦，和父母一起外出躲债了，于是就一边焦急地寻找着这个男人，一边耐心地等待这个男人回来。

梅迪娜一等就是三年！这个男人犹如人间蒸发一样，始终没有任何消息。后来，她的好朋友金妮忍不住了，向警察报了案，说梅迪娜的家人欺骗了她。结果，警察在经过调查后，发现真的是梅迪娜的亲生母亲和继父在欺骗她，就将梅迪娜的亲生母亲和继父关押了起来。

请问，你知道这是怎么一回事吗？梅迪娜的亲生母亲和继父犯了什么罪？

6 破碎的杯子

198

有一天，货郎老张提着一篮子小茶杯沿街叫卖。篮子里的小茶杯形状和大小都一样。老张边走边吆喝，走在街道拐弯处的时候，和对面走来的小王相撞了。小王碰到了老张的手，结果老张手一松，一篮杯子掉在地上摔碎了。

货郎老张是一个颇有心机的人，想要趁此敲诈小王一笔。他对小王说："我的篮子里一共有 100 个杯子，一个杯子一块钱，你就照价赔偿我 100 元吧。"小王是一位聪明小伙子，扫了一眼地上的篮子，觉得这篮子里的杯子最多也就是几十个，况且还有 3 个是完好无损的。他心想，定是老张想要讹诈他。小王识破了老张的想法，自然不会如他所愿。他略加思考便想出了一个好办法，以证明他到底打碎了多少个杯子。

亲爱的读者，你知道小王采用的是什么好办法吗?

7 装修房子的秘密

198

月亮湾中心小学的四个小学生在放学后去森林公园玩，竟然在浅水溪流中看见了一具死尸！四名小学生被吓了一跳，慌乱中跑到警察局报了案。

警察来到现场后，对尸体进行了辨认，怀疑死者正是前几天刚被列为失踪人口的爱德华。于是，警察找来爱德华的家人辨认，结果证明，死者正是爱德华本人。

警察对爱德华的死因展开调查，他们发现，森林公园不是第一现场。而且，根据死者的尸体状况来看，死者的死亡时间应该有好几天了。另外，在死者身上有很多处伤口，而且有些伤口已经伤及了大动脉，可以想见，死者当时一定留了很多血。但是，警察在发现尸体的周围没有发现任何血迹，所以，警察才推断森林公园不是第一现场，而是一个抛尸地点。

既然现场没有留下什么线索，那么，警察只好从作案动机出发，寻找最有可能作案的人。在调查了死者的社会关系后，警察找到了与死者有利益冲突的人。其中，爱德华的一个朋友塔西亚最有作案嫌疑。因为最近有人见过他们起争执，不过争执的具体原因还不得而知。

警察来到塔西亚家，发现他家位于新城区，这里的房子刚建好没多久。塔西亚的房子刚刚装修过，正在引导着几个工人把新买的沙发往屋子里搬。塔西亚知道警察来的目的以后，说自己当时和爱德华吵架，是因为爱德华向他借钱，而他因为要装修房子所以没有钱借给爱德华，爱德华就为此和他争吵了起来。警察又问塔西亚从什么时候开始装修的，塔西亚说三四天前，而这恰好是爱德华被害的时间。

“难道是巧合吗？”警察想。不！这一定不是巧合。于是，警察开始着重调查塔西亚，果然找到了线索。请问，警察为什么怀疑塔西亚呢？

8 “隐形”的眼镜

198

唐尼是一名记者，他因为为人彬彬有礼、工作积极认真且富有极强的正义感而被观众所熟知。有很多新闻报道，观众们一看到唐尼的身影——那个一天到晚戴着黑边眼镜，总是风尘仆仆的身影，就会觉得倍感放心，知道这个新闻肯定是真实的，而且总会有水落石出的一天。但是，就是这样一个有专业素养的新闻记者，却因为卷入了一起政治案件，被人杀死在自己的浴室中。

警方接到报警后，立即前来调查。经过法医鉴定，唐尼是正在洗澡的时候，突然遭到毒手的。因为唐尼卷入的是政治案件，观众们担心警察不能公正办案，于是自发请来了一位在民间颇有盛名的独家侦探布鲁斯，希望能还唐尼一个公道。

侦探布鲁斯在接手这个案件后，他发现警察已经把现场破坏得一团糟了，让他在现场找不到任何有用的线索。不过，不知道警察们是不是在拿布鲁斯寻开心，或者是他们觉得布鲁斯查不出什么，警察们居然主动交给布鲁斯一件在现场出现过的“物证”，那就是唐尼的眼镜。布鲁斯看着警察来到现场第一时间时拍摄的那些照片，他发现唐尼被杀的时候，手里还捏着这副眼镜。当然了，警察没有从这副眼镜上找到任何线索，他们觉得这副眼镜没有什么用，所以他们才能放心交给布鲁斯。

但是，布鲁斯拿着这副眼镜，却还是凭借自己的聪明才智，在眼镜上找到了一些线索，并根据这些线索找到了真正的凶手。请问，布鲁斯是怎样做到的呢？

9 不穿上衣的男人

198

里尼亚小镇是一个安静祥和的海滨小镇，人们生活富足，也没有什么大案发生。但是，在一天上午，小镇的警察局接到了报案，说有个男子失踪了。

警察查尔斯来到那个失踪男子的家，发现这里是小镇的临时住宅区。这里的房子很少，那些“房子”多是临时搭出来的棚子，供出海的人在这里暂住。据了解，失踪的是一名 22 岁的小伙子强尼。

查尔斯先找到了强尼的父母，想要了解强尼的一些习惯，看他近期是否有行为异常的现象，以便排除他离家出走的可能。据强尼的父母所说，强尼最近一切正常，没什么不愉快的事情。没办法，查尔斯只好又去找强尼的好朋友约翰。

查尔斯看到约翰的时候，说明自己的来意后，约翰好像也没有多惊讶的样子。而且，这个约翰一副傲慢的表情，看见查尔斯来访也不穿上衣服，依然光着上身和查尔斯说话，对查尔斯的问话也爱答不理的。约翰这种傲慢的态度让查尔斯很恼火，但是查尔斯看着约翰后背上的晒伤，又为他不穿衣服找理由：“或许是晒伤太严重了，他穿上衣服不舒服吧！”不过，比较可悲的是，查尔斯忍受了约翰的傲慢，也没能获得更多有用的信息，因为这个约翰说自己最近在准备考证件的事情，都没有和强尼联络，也不知道强尼失踪的事情。

于是，受了一肚子气的查尔斯回到警察局，一边向其他同事抱怨这个傲慢的约翰，一边将强尼的失踪信息记录在案。结果，没几天，强尼被人找到了，只不过找到的是他的尸体，他被人杀死了，尸体被抛在海中，被一个外出捕鱼的渔民给打捞到的。查尔斯询问渔民是在哪里捞到强尼的尸体的，当渔民说出一个地方后，查尔斯瞬间想到了什么，立即将约翰抓了起来。

请问，查尔斯为什么要将约翰抓起来呢？他不会在公报私仇吧？

10 当局者迷 198

张大大是清官和大人的一名幕僚，他经常负责给和大人写书信，所以他会模仿和大人的字迹。一次，他借着职务之便，伪造了和大人的书信，盗取了大量的官银。官银被盗这件事被上级官员王一发现了，上级官员以为是和大人盗取的，就把罪名归结到和大人身上。可是，百姓都知道和大人是一个清廉的好官，老百姓都不相信是和大人盗取了官银，所以他们就为和大人击鼓鸣冤。朝廷只好派遣了一个办案经验丰富的刑部官员张天佐来审理此案。

张天佐将所有涉案人员都带上公堂，他还没开始审理，王一就先说了一番话。这番话中都是对和大人的不满。原来，王一认为自己的审判没有问题，但是和大人却仗着本地百姓的爱戴，非说自己判错了，这让王一很不高兴。

张大大作为和大人的心腹手下之一，自然也在公堂中。听到这里，张大大明白了，原来和大人怀疑是他偷的官银，但是王一却认为是和大人在临死乱咬。所以，张大大要做的，就是在这次对簿公堂中不露出马脚，应该就能落实和大人的罪名了。想通了这点，张大大就静静看着张天佐审案，等着不露痕迹地补刀。

张天佐开始审案后，就像张大大料想的那样，先是让王一将他断定和大人偷盗官银的证据拿出来。随后，王一拿出几个从某封书信中摘下来的字，说就是凭借着这些自己断定是和大人偷盗了官银。但是，张天佐却认为，既然幕僚张大大也会模仿和大人的字，怎么就能凭借这一点断定和大人是窃贼呢？所以，张天佐就拿着这些字，问张大大这是不是他写的。由于这只是几个字，张大大无法看出来到底是不是自己写的，但是他为了诬陷和大人，就一口咬定不是自己写的。张大大这样回答后，就看到王一一脸兴奋的表情，对和大人“哼”了一声，好像笃定自己的判案没有错似的。于是，张大大也更加放心了。

之后，张天佐又拿出一封书信，问张大大这是不是他写的。张大大看了看书信的内容，确定写过这封书信，就承认这是自己写的书信。当张大大承认了之后，就被张天佐抓了起来，并判以盗窃和诬告罪，抓进了牢房。

请问，这是怎么一回事呢？

11 强盗的宝藏

199

古时候，有一位商人，经常到全国各地去做生意。有一次，他到岭南地区做生意，被一伙强盗劫持了。强盗要他说出其他商人的行进路线，但这位商人坚决不肯说。于是强盗决定把他带到山寨中，看管起来，继续审问他。

强盗非常小心谨慎，他们用黑布蒙上了商人的眼睛，把他押到了山寨。这位商人由于看不清路，所以也并不知道山寨的确切位置。然而，趁强盗们放松警惕的时候，他看到了藏匿财宝的地方。

强盗用大刑逼问商人，然而商人确实不知道，根本也没办法说。几天之后，商人身上伤痕累累，不省人事。强盗们认为他死了，便把他扔下了山。幸运的是，那个商人并没死。后来商人把强盗的行踪报告给了官府。官府立即清剿强盗。但官府怎样都找不到那个藏财宝的地方。

那名商人回忆说他被带上山寨那天，山路泥泞，强盗穿着草鞋，而他的靴子则陷在了泥潭里。除此之外，他没有任何印象了。县衙里的师爷，听完之后，略加思索，就确定了宝藏在南山坡。

请问，你知道这是为什么吗？

12 他杀的证据

199

一位影坛明星不幸在一次大爆炸中被炸瞎了双眼，又毁了容貌。男友觉得让她活着，实在是折磨她，遂产生了让她结束生命的想法。于是他去委托好友，帮他处理这件事情，但要造成是自杀的假象，好友答应了。

晚上 9 点 30 分，护士查完病房离去。凶手悄悄潜入房内，将女明星抱至窗口，留下她的指纹，扔了下去。不一会儿，凶手气喘吁吁地跑了回来，说干得非常漂亮，请好友不必担心。

可是第二天，女明星之死见报了。警方确认是他杀，并开始调查。女明星的男朋友急忙找到他委托的那个人，问他昨夜的事发生了什么差错？那人说：“没有啊，我潜入病房时，她面部都缠着绷带，睡得很香，为了制造假象，我特地在窗口上留下她的指纹，制造了自杀的假象，可以说一切做得天衣无缝，警方怎么会判断出是他杀呢？”

现在，你能猜出破绽出在哪里了吗？

13 灭口案

199

有一天，一名罪犯为了灭口，把一名了解自己底细的女子杀死，并将她伪装成上吊自杀的样子。被绳圈勒住脖子的尸体，两只赤脚离地大约有50厘米，该名罪犯还将化妆台边的凳子放倒在死者的脚下，那是一个外面包有牛皮的圆凳。

这样一来，给人的感觉就是那名女子用这个凳子来垫脚而上吊自杀。

但当尸体被人发现后，公安人员检查了凳子，说：“这绝对不是自杀，是他杀！”

作案时罪犯戴着手套，所以他绝不可能在现场留下指纹。那么，是哪儿露馅儿了？

14 不是自杀

199

在一座豪华别墅里，警方发现一具女尸，这是一个40多岁的女子，身体已经有些变硬，身上穿一件睡裙，看来是别墅的女主人。在死者的身边有一只没套上笔套的笔和一封遗书。遗书中说她发现自己患有绝症，觉得心灰意冷，所以服药自杀。遗书最后还写着自杀时间，是3天前的中午。

警察小心地检查了现场的所有东西，没有发现什么特别有价值的线索，认为可能是自杀。这时，警官墨菲也来到现场。他细细观察了一番后，随手拿起了那支笔。这是一支挥发性很强的油性笔。墨菲随手用那支笔写了几个字，发现写出来的字十分清晰。

墨菲微微一笑："这不是自杀，死者是被人杀死后搬到这里来的，现场是假象。"

他是根据什么线索这样推测的呢？

15 杀妻的男人

199

一天晚上，一位男士打电话报警，称其妻子在家中开枪自杀了。

警官赶到现场，男士说："我当时正在楼下看电视，忽然听到楼上卧室传来一声枪响，跑到楼上一看，我的妻子倒在写字台上，右手握着一把枪，头部中弹。"

警察随即检查了整个卧室，然后将熔解了的石蜡涂在了死者的右手上，对男子说："等石蜡一凝固，就什么都知道了。"男子见状，便乖乖认罪了。

你知道这是为什么吗？

16 熔化的巧克力

199

一天晚上，大侦探罗尔接到考古学博士卡恩的电话："罗尔先生，不好了，代表古代玛雅文明的黄金假面被盗了。"

两小时后，博士的秘书驾车来到罗尔家。年轻的秘书一边开车，一边向罗尔讲述：被盗的黄金假面，是从墨西哥的尤卡坦半岛古代玛雅金字塔里发掘出来的，现为亿万富翁卫斯理所有，卡恩博士是为了研究才将它借来的。汽车在路上足足用了一个半小时才到达卡恩博士的研究所，这时已是深夜 11 点了。

秘书请罗尔在客厅稍事休息，自己上二楼研究室去请博士。罗尔刚要坐下，就听到楼上传来惊叫声："哎呀，不得了啦！博士自杀了！"

罗尔大吃一惊，飞快奔上二楼，只见天花板下的铁管上拴着一根绳子，博士的头颈套在里面，用来垫脚的椅子倒在脚下。室内除了写字台，书橱等研究用具之外，还有一张铺着电热毯的简易木床，别无其他陈设。

“他大概是感到黄金假面被盗，责任重大才自杀的吧？”秘书说道，脸色吓得苍白。

罗尔摸了摸死者的脸颊和手，发现尸体还很热。他感到奇怪：室内相当冷，怎么死者的体温与生前几乎完全一样？这样的体温，表明人死后还没超过一小时。

罗尔把博士的工作服口袋检查了一下，发现仅有半块没吃完的锡纸包着的巧克力，但已经熔化了。他拿着它，思忖了片刻，然后指着秘书说：“杀人犯就是你！你在开车来接我之前，先将博士杀死，然后再把他伪装成上吊自杀。由此看来，盗窃黄金假面的也是你。”

罗尔是怎么知道秘书就是凶手的？秘书又是如何杀害博士的呢？

17 马戏团的凶杀案

199

城里来了一个马戏团，大家都去看他们的表演，其中驯兽师拉特跟老虎的表演最受欢迎，他和女朋友——金发女郎梅丽也很快成了大家都很熟悉的人物了。

这天清晨，马戏团里突然传来一声尖叫，大家闻讯赶去，发现拉特俯卧在干草堆上，后腰上有一大片血迹，一根锐利的冰锥就扎在他的腰上。在他旁边，身着表演服的梅丽正捂着脸低声哭泣。

警察来到了现场。法医检查了拉特的尸体后告诉警官墨菲：“死了有七八个小时了。也就是说，谋杀发生在半夜。”

墨菲转过身，看了一眼梅丽，说：“请节哀。哦，对不起，你袖子上沾的是血迹吗？”

梅丽把她表演服的袖口转过来，只见上面有一道长长的血印。

“咦？”她看了一眼，“这一定是刚才在他身上蹭到的。”

墨菲问道：“你知道谁有可能杀他吗？”

“不知道……”她答道，“也许是赌场里的鲍勃，拉特欠了他一大笔钱。”

于是墨菲找到了鲍勃。鲍勃承认拉特欠了他大约 15000 美元，可同时发誓说他已有两天没见过拉特了。

墨菲很快就抓住了罪犯。你知道这个罪犯是谁吗？

18 那个人就是罪犯 199

一天晚上，一位教犯罪学的女士阿格瑟从学校回家，途中发现一家珠宝店被抢。店员告诉她，抢劫犯是个身穿晚礼服的男子。

阿格瑟一面安排报警，一面查看了店的四周及那一段街道，发现一辆小车停在那里，一个人伏在方向盘上。她走上去，看见那个人确实穿着晚礼服。阿格瑟叩开车门，那个人从车内探出头来。

“我要调查一桩抢劫案，”她说，“警察马上就到。请你告诉我，你在这里干什么？”

那人回答道：“我在等我弟弟，我们将去参加一个婚礼。”

阿格瑟说：“一个身着晚礼服的人抢劫了一家商店。”

那人气愤地说：“那与我无关。假如我抢劫了珠宝店，难道我还会穿这样的装束，等你来抓我吗？”

阿格瑟说：“走，到法庭去辩论吧！”

阿格瑟为什么这样说？

19 流浪汉竟是间谍 199

“二战”期间，各国间谍机构活动频繁，都希望在情报方面战胜对手，以利于在整个战争中获取主动。同时，反间谍机构也在积极活动。一次，盟军反间谍机关收审了一位自称是比利时北部的“流浪汉”，他的言谈举止使人怀疑，眼神也不像是农民特有的。由此，法国反间谍军官吉姆斯认定他是德国间谍，可是流浪汉一副听不懂德语的样子，他没有更有力的证据。吉姆斯决定打开这个缺口。

审讯开始了。吉姆斯提出的第一个问题是：“会数数吗？”这个问题很简单，“流浪汉”用法语流利地数数，没有露出一丝破绽，甚至在说德语的人最容易说漏嘴的地方，他也能说得很熟练。于是，他被押回小屋去了。

过了一会儿，哨兵用德语大声喊：“着火了！”“流浪汉”无动于衷，仿佛真的听不懂德语，照样睡他的觉。后来，吉姆斯又找来一位农民，和

“流浪汉”讨论起庄稼的事，他谈得居然也颇在行，有的地方甚至比这位农民更懂行。看来吉姆斯凭外观判断的第一印象是不能成立了。

第二天，“流浪汉”在被押进审讯室的时候，显得更加沉着、冷静。吉姆斯无奈地审阅完一份文件，并在上面签字之后，抬起头说：“好啦，我满意了，你可以走了，你自由了。”

“流浪汉”长长地松了口气，像放下一个沉重的包袱。他仰起脸，愉快地呼吸着自由的空气，兴奋之情溢于言表。

吉姆斯由此断定“流浪汉”是德国间谍。为什么？

20 找到窃贼 199

美国GH公司的经理金斯先生从巴黎返回旧金山，他从机场直接回到公司。刚刚走进办公室，女秘书就跟进来说她女儿今天生日，特来请假回家。金斯掏出钱夹，从里面抽出20美元，让她给女儿买件生日礼物表示祝贺。之后，他顺手将钱夹放在桌上，然后打了几个电话，处理了这几天积压的工作，其间办公室里来人不断。金斯处理完工作回到家时，发现自己的钱包遗忘在办公室了。他急忙返回公司，这时离下班还有10分钟，全体员工仍在工作。金斯先生推开办公室的门，钱包还放在桌上，但里面1.9万美元和各种证件不翼而飞了。

金斯先生赶紧给他的好友劳思探长打电话，请他来帮助找回丢失的钱物。不一会儿，劳思赶到公司，说有办法找到窃贼。他将所有的员工召集起来，说：“今天你们的老板将钱包放在办公桌上，钱包里的钱和证件被人偷走了，遗憾的是窃贼不知道这是金斯先生设下的一个圈套，他想借此考察公司职员的忠诚。现在我们已经知道这个窃贼是谁了。”金斯接过话说：“我请劳思探长来，不仅让这个贼当众出丑，而且让大家明白法律对盗窃罪的严厉惩处。”话音刚落，场内一片喧哗。

劳思探长又说道：“现在我给每人发一根草棍，只有一根稍长一点，金斯先生已暗示我把这根长草棍发给那个窃贼，你们互相比比草棍的长短，就知道谁是窃贼了。”

不一会儿，果真找出了窃贼，并从他的柜子中搜出了丢失的钱和证件。

劳思是怎样找到窃贼的？

21 警员与警长的不同 ⊸ 200

傍晚，一位男士冲向马路中间拦车，原来是他母亲心脏病突然发作。一辆救护车从东向西飞驰而来，那男士拦下了车，可司机却说他们要去接一名生命垂危的病人，没时间救他母亲。这位男士便同司机大吵起来。

这时，一辆去城西堵截三名抢劫银行歹徒的警车正好经过，见这里交通堵塞，他们便去疏通。最后，司机只好让车上的两名医生下去，将昏迷的患者抬上担架。

当警长看到患者被头朝外，脚朝里地抬上救护车时，立即下令将他们抓了起来，并从车上的急救箱中搜出整捆的钞票。原来他们就是那三名抢劫犯。

事后，警员们问警长："你怎么知道他们就是歹徒呢？"

警长微笑着说："这是一个常识性的问题，你们自己去想吧！"

22 银行抢劫案 ⊸ 200

一家银行发生了一起抢劫案，劫匪抢走了保险柜里的几万美元，然后劫持了银行的助理会计斯通先生，坐进小汽车里逃跑了。

不久，警察接到电话，是斯通先生打来的，他说自己已经成功地从劫匪那儿逃跑了。他向警长讲述了自己的经历："我刚走进银行，三个蒙面的劫匪就冲了过来，用枪指着我，逼我打开了银行的保险柜。他们把里面的钱洗劫一空后，还把我拖上汽车，然后就发动汽车向外逃走了。"

"那你是怎么逃出来的呢？"警长问道。

"离开银行之后，一个劫匪就把抢来的钱从银行的钱袋里倒出来，放到一个他们自己准备的包裹里。然后，他们把钱袋扔出了车窗。又过了两个街区，正好碰上了红灯，车子停住了。我瞅准机会，突然打开车门，从车里跳了出来，然后飞快地跑到最近的一所房子里。很幸运，劫匪没有追赶我，他们继续逃跑了。"

"请你领我们沿着刚才劫匪逃跑的路线回到银行去，看看路上有什么线索吧。"

“好的。”斯通先生说完，跟着警长坐进警车，往银行的方向开去。不久他叫了起来：“就是这里！钱袋就在这里！”他们停下车，捡起钱袋，然后继续往银行开去。过了几分钟，他们来到了一个红绿灯前。“这就是我逃跑的地方。”斯通先生说。

回到银行后，警长拿出手铐，将斯通先生铐了起来。“别再编造故事了，快告诉我们你是如何勾结劫匪抢银行的吧！”

警长为什么那么肯定斯通先生参与了这起抢劫案?

23 谍报员面对定时炸弹 200

某谍报员正躺在床上看杂志，突然觉得耳边有一种奇怪的声音在响，起初还以为听错了，可总觉得有时针走动的声音。枕头旁的闹钟是数字式的，所以不会有声响。突然，一种不祥之兆涌向心头，谍报员顿时不安起来，马上翻身起来查看。

果然不出所料，床下被安放了炸弹，是一颗接在闹钟上的定时炸弹。一定是白天谍报员外出不在时，特务潜进来放置的。这是一种常见的老式闹钟，定时指针正指着 4 点 30 分。现在距离爆炸时间，只剩下 5 分钟。

闹钟和炸弹用黏合剂固定在地板上，根本拿不下来。闹钟和炸弹的线，也被穿在铝带中用黏合剂牢牢粘在地板上，根本无法用钳子取下来切断。而且，闹钟的后盖也被封住了，真是个不留丝毫空子的老手。

谍报员有些着急了。这间屋子是公寓的 5 层，不能一个人逃离了事。如果定时炸弹爆炸，会给居民带来很大的损失。时间一分一秒地过去，谍报员决定自行拆除，他钻进床下，用指尖轻轻敲动闹钟字盘的外壳。外壳是透明塑料而不是玻璃制的，可并不能轻易取下来。万一不小心，接通电流，就会有提前引爆炸弹的危险。谍报员思索了一下，突然计上心来。在炸弹即将爆炸的前一分钟，终于拆除了定时装置。你知道谍报员采用的是什么方法吗?

24 大侦探罗波

200

这是个蓝色的、明亮的夜晚。

大侦探罗波正驾着一辆小轿车在郊外的大道上飞驰。在明亮的车前大灯的映照下，他猛然发觉有个男子正匆匆地穿越公路，只得“嘎”的一声急刹住车。

那男子吓得像中了定身法似的在他的车前站住了。

罗波跳下车关切地问道：“您没事吧？”

那人喘着粗气说：“我倒没事。可是那边有个人倒在动物园里，他恐怕已经死了，所以我正急着要去报案。”

“我是侦探罗波，你叫什么名字？”

“查理·泰勒。”

“好，查理，你领我去看看尸体。”

在距公路大约一百米处，一个身穿门卫制服的男子倒在血泊之中。

罗波仔细验看了一下说：“他是背后中弹的，刚死不久。你认识他吗？”

查理说：“我不认识。”

“请你讲讲刚才所看到的情况。”

“几分钟前，我在路边散步时，一辆小车从我身边擦过，那车开得很慢。后来我看到那车子的尾灯亮了，接着听到一声长颈鹿的嘶鸣，我往鹿圈那边望去，只见一只长颈鹿在圈里转圈狂奔，然后突然倒下。于是，我过去看个究竟，结果被这个尸体绊了一跤。”

罗波和那人翻过栅栏，跪在受伤的长颈鹿前仔细察看，发现子弹打伤了它的颈部。

查理说：“我想可能是这样，凶手第一枪没打中人，却打伤了长颈鹿，于是又开了一枪，才打死了这人。”

罗波说：“正是这样。不过有一件事你没讲实话，你并不是跑去报警，而是想逃跑！”

“奇怪！我为什么要逃跑呢？”查理莫名其妙地说，“我又不是凶手。”

罗波一边拿出手铐把查理铐起来，一边说：“你是凶手，跟我走吧！”

后来一审查，查理果然是凶手。可是罗波当时怎么知道他就是凶手的呢？

25 究竟发生了什么 200

侦探波洛接到了朋友杜弗斯打来的电话，杜弗斯对他说："你一定得过来帮帮我，我刚才被一个窃贼打得不省人事。"

波洛踩着厚厚的积雪，来到杜弗斯的家里。杜弗斯正躲在一把宽大的沙发椅里。"好了，告诉我到底发生了什么？"

"你知道，我的谷仓已经空了好些年了。可是刚才，我突然听到谷仓那里不时传来一阵阵的声音，好像有人在敲打谷仓的门似的。我走出去，想看看是不是有人在那儿，顺便检查了一下门上的锁。一切看起来都很正常。可是当我往回走的时候，我被窃贼在头上敲了一下，倒在了地上。一醒过来，我就赶紧给你打电话。"

波洛往窗外望去，在漫天飞雪之中，他清楚地看到了谷仓门口杜弗斯刚才留下的痕迹。"根本没有什么窃贼，杜弗斯，让我告诉你究竟发生了什么。"

那么，究竟发生了什么呢？

26 纽扣的离奇失踪案 200

100多年前的冬天，圣彼得堡要比现在更加寒冷。那时候，整个冬天都寒风刺骨，暴风雪不断。突然有一天，不知为何，气温又突然下降了很多度，一下子到了零下30℃！这样的天气，军人们都冷坏了，哪还有心思保家卫国呢？于是，国家连忙组织全国上下的人民，调动物资，给军人们分发厚实的军大衣。这一消息让冻坏的军人们很是欢喜，心想：崭新的军大衣穿在身上该有多暖和呀！

然而，等到军人们真正领到军大衣的时候，士兵们却都叽叽喳喳地炸锅了！为什么呢？原来，这些军大衣上面连一颗纽扣也没有！这真是太奇怪啦！没有纽扣，大衣就合不拢啊！而且，崭新的大衣上为什么会没有纽扣呢？

沙皇后来也知道了这件事，很是恼火，认为这是大臣们在故意克扣军饷，于是传令把监制军大衣的大臣传来问罪。

没想到，大臣却说："这事就怪啦，我曾经到过制军大衣的工厂去的，亲眼见制衣厂的工人把一颗颗银光闪闪的锡纽扣钉上去的呀！"

沙皇吹胡子瞪眼睛："可是事实上，现在连半颗纽扣也不见！你快去查清楚，到底是谁在搞破坏！"

大臣吓得马上到仓库里去调查。管理仓库的官员说："军大衣运来时，确实是有锡纽扣的，一直到发放军大衣时才打开仓库，那时没注意去查看纽扣，不过现在还剩下一部分军大衣。"

大臣取过一件查看，也没有锡纽扣，只是在钉扣子的地方，有灰色的粉末。奇怪，锡纽扣怎么失踪的呢？大臣百思不得其解，焦虑极了。

幸运的是，大臣有位朋友是个化学家。这位朋友听闻了这件事后，没多想，就知道了答案，于是告诉了沙皇，锡纽扣都变成粉末了。沙皇不相信，科学家就拿了一个锡酒壶放到皇宫外的台阶上。几天后再去看，手一碰上去，那锡酒壶果然变成了一堆粉末。于是，那个大臣被宣告无罪。

你们知道其中的道理吗？

27 怪盗传递信件 200

一天夜里，有个名叫西夫的怪盗，潜入一个外交官的住宅，在三楼卧室里，偷到一份重要的外交信件。他正要离开房间，突然听到门外有脚步声——外交官回来了。西夫从门那逃走已经不可能了，看来只能跳窗户。

窗下有一条运河，跳下运河就可以脱身。但西夫担心外交信件被弄湿而前功尽弃。踌躇中，他看到自己的同伙在对面大楼窗前等待接应，于是灵机一动，决定先把信件递给同伙，再只身逃走。

西夫钻到窗外，站在窗台上，探身、伸手，可是很遗憾，还差一点点，够不着对面大楼。手边又没有杆子或棍子之类的工具；对面大楼的窗台很窄，跳过去也没有落脚之处；把信件扔过去，又担心被风刮跑，一时，足智多谋的怪盗西夫竟束手无策。

可是仅仅几分钟之后，西夫就有了办法，什么工具也没有用，就把信件递给了同伙，然后只身跳进运河之中，匆匆离去。

你知道西夫是用什么方法把信件递给同伙的吗？

Clue 6

多条线索，缜密分析

1 沉入湖底的车子 200

从前，美国底特律以汽车工业繁荣著称。但自从日本车输入美国之后，被迫关闭的工厂不少，汽车制造业已经没有了昔日的辉煌景象。

因汽车工厂倒闭，失业中的多姆被窘迫的生活逼得走投无路，于是他想出了一个馊主意：谋害分居中的妻子，诈取保险金。

决定之后的当天夜里，他邀请妻子前来他的住处，让她喝下含安眠药的啤酒之后，把她放在车的后座上，接着驾车前往近郊的艾利湖。

在不见人迹的湖岸停好车后，他将沉睡中的妻子移至驾驶座，并将车子倒着推入了湖中。望着车子沉入湖底之后，他才离开。这是一辆很旧的车，他一点儿也不在意，而面对妻子他也毫无痛心之情。

隔了一天，沉入湖底的车子被人发现了。警方派人打捞上岸一看，驾驶座有一位已经溺死的女性的尸体。现场迹象表明，死因很像是倒车时不小心翻落，因安全带绑着而无法逃出造成的。

之后，FBI 刑警根据车牌号码查询到了车主，并立即到多姆的住处通知了他。

“咦？那是我的车子啊！昨晚分居中的妻子向我借，我便借给她了。她的驾驶技术很好，怎么会翻落湖底溺死呢？”多姆假装悲伤地回答。

“我们的尸检报告显示，您的妻子身高 1.6 米，不知道先生您身高多少？”刑警的问题十分出人意料。

“1.97 米。请问，这和事件有关吗？”多姆十分疑惑。

“您确认这一问题就好。先生，您涉嫌故意杀人罪，请跟我回警察局吧。”

多姆的美梦就这样破灭了，他将受到法律严厉的惩罚。请问，你知道 FBI 刑警是怎样确定他谋害了自己的妻子的吗？

2 寻找古董店大盗 201

星期六晚上，一家古董店被盗了。盗贼是砸碎了商店一扇门上的玻璃窗后钻进店内的。他撬开 3 个钱箱，盗走了 1 万美元现金，又从陈列橱窗里拿出了一幅价值 2 万美元的东方古画卷，放在装画的盒子里带走了。

警方请来了 FBI 探长希尔斯一起对现场进行了仔细的调查。他们断定，窃案是对古董店非常熟悉的人所为。警方把怀疑对象锁定在汉森、莱格和海德里 3 个少年学徒身上，并认定他们 3 人中肯定有一个是罪犯。

3 个少年被带到警官和希尔斯探长面前，希尔斯探长面前的桌子上放着 3 支笔和 3 张纸。他对他们说："我找你们来，是想请你们与我合作，帮我查出罪犯。现在请你们写一篇短文，你们假设自己是窃贼，设想自己会用什么方法破门进入商店，会偷些什么东西，会采取什么措施来掩盖罪行。好，现在开始吧，30 分钟后交给我。"30 分钟后，希尔斯探长让他们停笔，并朗读自己的短文。

汉森极不情愿地读着："星期六的早晨，我对古董店进行了仔细观察，发觉后院是最理想的下手之地。到了晚上，我打碎了一扇边门的玻璃窗，爬了进去。我先找钱，然后从橱窗里拿了一幅很值钱的画，之后蹑手蹑脚地溜出了商店。"

轮到莱格了，他念道："我先用金钢刀在橱窗上剖了个大洞，这样别人就不会想到是我干的了。我不会去撬钱箱，因为会发出响声。我会去拿值钱的名画，把它装进盒子里，藏在大衣下面，这样就不会引起人们的注意。"

最后，海德里说："深夜，我在暗处撬开商店的边门，戴着手套偷抽屉里的钱，偷橱窗里的名画。我要用这些钱买一副有毛衬里的真皮手套，等人们忘记这桩盗窃案后，我再出售这一幅昂贵的画。"

希尔斯探长听完后，指着其中一个少年说："小家伙，告诉我，你为什么要干这种坏事？"那个少年顿时惊恐万状。请问，这个少年是谁？希尔斯探长是凭什么识破了他？

3 纵火犯到底是谁 201

亨利是一位特立独行的作家，他提倡自然，是一位极端的自然主义者。他放弃优渥的生活条件，在风景秀丽的湖边建起木屋，过着与自然融为一体的简朴生活。他非常喜欢动物，并在家中养了一只可爱的猫。

有一天，他要去城市中看望一位病重的朋友，便将猫留在家里，独自外出了。经过一周的时间，他返回家中，看到了烧成灰烬的屋子和烧得只剩下骨头的可爱猫咪。同时失去了爱宠和住所，他心痛极了。

从案发现场来看，这几天内曾下过一场大雨，房屋周围的树木因雨后的潮湿而幸免于难。小猫因关闭在封闭的房间里，找不到出口而被活活烧死。现场勘察结果表明，着火点是放在屋角的书架。据亨利回忆，房间里没有任何火源，也没有漏电的痕迹，煤气开关禁闭，又无定时引火装置。这是怎么回事呢？

细心的侦探罗莱在清理书架下面的地面时发现了一些破碎的玻璃碴儿，亨利说这应该是自己鱼缸的碎片。罗莱还在旁边烧焦的席子上发现有一些熟石灰。看到这些，罗莱马上想到了问题的答案，读者朋友们，你猜到是什么原因了吗？

4 现场调查记录 201

帕克是富翁奥威尔的助理，因为多年来对奥威尔的不满累积到了一定程度，他决定谋杀奥威尔。为此，帕克策划了很久。作案后，他做出了一个奥威尔自杀的假象。

既然是自杀，遗书是最有说服力的证据。所以，帕克拿出一张有着奥威尔签名的公文纸，用打字机打了几行遗言，并把打字机摆在奥威尔的办公桌前。

最后，帕克把手枪塞到奥威尔的左手里。检查完后帕克满意地离开了。作案过程中他始终都戴着特制的手套，因此不会留下指纹。关上门后，他为自己缜密的思维颇为得意。

第二天，女佣发现富翁的尸体并报案。经过对现场的勘察，协同警方办案的 FBI 刑事专家阿尔法给出的结论是，确定遗书上的签名确实是奥威尔亲笔所写，可遗书上的字却非他本人所打。因此，不能定性为自杀，应全力捉拿嫌疑人。

打字机打出来的字应该都是一样的，刑事专家是怎么断定遗书上的字不是奥威尔打印的？

5 消失的手枪

201

FBI 有一位在警界工作达 30 年的警官马哈德，这天，他感到身体不适，便到医院就诊。

检查报告显示，他的身体状况已经非常糟糕。医生告诉他，他最多只剩半年的寿命。

这对于“硬汉”马哈德警官来讲是一个相当大的打击，并且，他十分担忧自己过世后家人的生活。他想到，如果他真的半年之内死亡的话，就只能留少数退休金给家人，但若是殉职，就可以留给家人多一些抚恤金。

这个想法在他的脑中盘旋了几天，最终，他做出了一个周密的计划，他要让自杀看起来就像是在执行任务中被杀一样。

自杀伪装成他杀的最佳方法就是用来自杀的手枪不能留在自己的尸体旁，还要使现场没有凶器，这样看起来就会像他杀事件一样。

三个月后的某一天，马哈德的尸体在市内某座公园被发现。他的头部近距离中了一枪，他倒在竹林的小路上。腰际挂枪的皮套是空着的。

真如马哈德所计划的一样，警方推测马哈德在巡逻时，被犯人夺枪射杀。

现场竹林茂密，宽广的公园当中，很少有人通过。竹林对面是荷花池。事实上，枪支就沉在荷花池底。然而，头部中弹，瞬间立即死亡，根本不可能自己拿枪去丢在 20 米外的池塘中。

那么，并没有他人协助的马哈德到底用了什么方法，将手枪丢在池塘里的呢？

6 报案的秘书

201

第十届国际电子产品博览会即将在纽约举办，来参加博览会的，都是世界上著名的企业家。罗杰斯探长亲自负责保卫工作，他在机场和宾馆里，派出大批警察，荷枪实弹站岗，还安排了很多便衣警察，在暗中保护着贵宾们。

博览会开幕前的一天晚上，警察局的报警电话响了。报警内容是英国一家大公司的总经理赶来参加博览会，下午刚住进五星级大宾馆，就在卧室里被人杀害了。

罗杰斯探长赶到宾馆，在保安的带领下，来到死者的卧室。那是一间很大的套间，里面的设备和装潢非常豪华，墙壁上挂着昂贵的名画，地上铺着厚厚的土耳其驼毛地毯，非常柔软，脚踩上去感觉十分轻柔。罗杰斯心中想，真是豪华的套房。

总经理就倒在地毯上，后脑勺上有枪伤。桌子上有一部电话，话筒没有搁在电话机上，被扔在了旁边。

这时，有一位年轻的女士走过来，哭着说："我是总经理的秘书。一小时前，我乘飞机到纽约，下了飞机以后，马上和总经理通电话。正说着呢，我听到话筒里总经理大叫了一声，然后听到'扑通'的一声，好像是人倒在地上的声音，再后来，又听到了一阵匆忙的脚步声，好像是罪犯逃跑的声音。我知道情况不好，马上打电话报警，然后叫了一辆出租车，我刚刚赶到这里。"

罗杰斯探长低着头，在房间里来回踱步，他一会儿走过来，一会儿走过去。忽然，他停住脚步，严厉地对女秘书说："你说的都是谎话，快说，你的同伙还有谁？"

请问，探长为什么说女秘书在撒谎呢？

7 莫名其妙的爆炸声 201

这是一个冬日的清晨，新泽西州积雪累积达数厘米，警方发现，在某公园运动场中央躺着一个年轻男子，已经身亡多时。

法医的鉴定报告是头盖骨破裂，推断是头部侧面遭到强烈的打击而死，死亡时间大约是两小时之前。

昨夜的积雪使现场像一片银色世界。令人不解的是，宽广的运动场中只留下了被害人的鞋印，并没有其他人的足印。而且，被害人的鞋印显示出他被追赶的迹象，但追赶者的足印却没有留在雪地上。

那么，犯人在不留下自己足迹的状况下，如何追杀被害人呢？

另外，还有一条重要的线索，在推定被害人死亡之时，公园上空曾发出像爆炸声般的声音，附近的人都听见了。

不过，据警方调查，当时此区域上空并没有飞机、直升机通过。

那到底是什么爆炸声呢？你猜得出罪犯采取了怎样的作案手段吗？

8 走错楼层的人

201

众所周知，夏威夷是一个旅游胜地，多里警长今年也来这里度假，他住在海边一家四层楼的宾馆里。这家宾馆 3、4 两层全是单人间，他住在 406 号房。

这天，游玩了一天的多里草草地吃了晚餐便回到房间，他想洗个热水澡，早点休息。正当他走进浴室准备放水时，听到了两声“笃笃”的敲门声，多里以为是在敲别人的房门，便没有理会。一会儿，一位陌生的小伙子推开房门，悄悄地走了进来。原来多里的房门没有锁好。小伙子看到多里后有些惊慌，但很快反应了过来，彬彬有礼地说：“对不起！我走错楼层了，我住 306。”说着他摊开手中的钥匙让多里看。多里笑了笑说：“没关系，这是常有的事。”

小伙子走后，多里马上给宾馆保安部打电话：“请立即搜查 306 号房的客人，他正在 4 楼作案。”保安人员迅速赶到 4 楼，抓到了正在行窃的那个小伙子，并从他身上和房间里搜出了首饰、皮包、证件、大笔现钞和他自己配制的钥匙。

保安人员不解地问多里：“多里先生，您怎么知道他是窃贼的？”多里警长笑而不语。

那么，你能告诉保安人员答案吗？

9 庆功宴上的惨案

201

年轻有为的广告人马修在美国华盛顿杯广告创意大奖赛上一举夺得金奖。参加完颁奖礼后，马修来到了弟弟马诺和马诺的太太珍妮为他准备的家庭宴会上。

他一走进客厅，亲朋好友们便纷纷过来向他表示祝贺，他们频频举杯。

尽管马修每次只喝一点点，但没过一会儿还是觉得有点醉了。

看到马修不胜酒力，马诺拍了下手，用叉子叉上一个沾了调味汁的鲍鱼走上前去："马修，今晚我们为你准备的家庭宴会你还满意吗？别光顾着喝酒，吃一只鲍鱼吧。"忽然，他脚步踉跄，一个趔趄，手中晃动着的叉子把鲍鱼上的黑红的调味汁溅了马修一领带，浅金色的领带立即污迹斑斑。

"哎呀，你看我，真是喝多了。"马诺抱歉地说。

"不，没什么，一条领带算不了什么……"马修毫不介意，取出手帕欲将上面的污迹擦掉。

这时，马诺的太太珍妮走了过来，说："用手帕擦会留下痕迹的，洗手间里有干洗剂，我去给你洗洗。"

"不用了，珍妮，没关系，我自己去洗，你还是去应酬其他客人吧。"马修不想扫了弟弟和弟妹的兴致，迅速朝洗手间走去。干洗剂就在洗手台上放着，他将液体倒在领带上擦拭污迹，擦掉后便立即回到宴会席上，边喝着威士忌，边与人谈笑风生。

突然，他身子晃了一晃便倒下了，威士忌的杯子也从手中滑到地上摔碎了。宴会厅里举座哗然。急救车立即赶来，将马修送往医院，但为时已晚。死因诊断为酒精中毒。

这时，警察来到了医院，调查了详情后，觉得事情蹊跷。便请来了 FBI 的罗德警探，一同来到马诺家里。经过罗德警探的一番查验，认定马诺夫妇就是杀人凶手。

那么，请问，罗德警探为什么做出这样的判断呢？

10 浇花的嫌疑犯

○— 202

尼奥在一家干洗店做送货工。一天上午，他开车去亨德利家送衣服，他将车停在花园旁边，可他敲了大概有两分钟的门，也没有人来开门，因为事先已经和亨德利家人约好了时间，所以尼奥怕出什么事情就把门撞开了。

屋里的样子让他大吃一惊，只见亨德利夫人身中一刀，流了很多血，躺在地上一动不动。

尼奥扶起亨德利夫人然后大声喊道："快来人呀！"

这时，亨德利先生也不知从哪儿跑了进来。两人一起打车把亨德利太太送往医院。经过抢救，亨德利太太脱离危险，但精神失常，无法辨认凶手。

随后，警方与尼奥来到亨德利家展开调查，发现尼奥车子前轮正好压在花园的胶皮水管上，除此之外，警方没有从尼奥的描述过程中发现什么疑点。于是，警长叫来亨德利："亨德利先生，当时您在做什么？"

亨德利说："当时我正用水管给花园里的花浇水，大概半个小时左右，后来听到呼叫声，我就放下水管，跑了过去。"

警长问："在你浇花的时候，没有发现什么异常情况吗？"

"没有，我一直在浇水，直到听到喊声才离开。"亨德利回答道。

警长顿时变得严肃起来："亨德利先生，不要撒谎啦，是你对你妻子下的毒手！"

你知道警长为什么认定是亨德利干的吗？

11 完好如初的案发现场

202

FBI 的德普探长刚走进死者卡罗的办公室，迈克尔就迎上前来："除了那个该死的报警电话，屋内的任何东西我都没碰过，事情发生后我立即给你打了电话。"迈克尔是一名私人侦探，和德普探长彼此熟识。

卡罗的尸体倒在办公桌后面的地毯上，右手边是一支法国造的手枪。

"这里刚刚发生了什么？"德普向迈克尔询问道。

"一开始，我也不清楚卡罗要我干什么，他只是让我到这里来一下。"迈克尔说，"我刚到这里，他就破口大骂，说我和他的妻子关系暧昧。我告诉他一定是弄错了，可他在气头上已经变得无法自制了。突然，他歇斯底里地说'我非杀了你不可'，说着，他就拉开了办公桌上的一只抽屉。拿起手枪就向我开枪。谢天谢地，没有击中。在这万分紧急的时刻，我只好自卫，这完全是正当防卫。"

德普探长将一支铅笔伸进手枪的枪管里，将它从卡罗的尸体边挑起来，然后拉开旁边桌上的抽屉，将手枪小心翼翼地放回原处。接着，德普探长在桌子对面的墙上发现了一颗法国造手枪弹头，德普推测，这就是迈克尔所说的那颗首先射向他头部的子弹。

后来经过检测，那支手枪上虽有卡罗的指纹，但他并没有持枪执照，根本无法查出手枪的来历。德普探长转身对迈克尔说："别再演戏了，老实交代吧！"

那么，请问德普为什么怀疑迈克尔？

12 真正的犯人

202

独自住在郊外旧宅子里的汤姆·林奇博士在自己家被人开枪打死，尸体是保姆苏珊女士在第二天早上发现的。尸体倒在书房正中央，胸前中了一枪。带着灯罩的电灯从天花板垂下，80瓦的白炽灯还亮着。汤姆·林奇博士穿着礼服，恰好倒在灯下。

窗户关着，窗帘也拉着。在窗帘和玻璃上有一个弹孔，死亡时间推定为昨晚9点左右。FBI探长穆德和助手杰森奉命赶到，环视整个房间。当地警察局局长把情况做了简略介绍："犯人是从院子对面的杂树林里开枪的，距离约40米，一枪命中，枪法不错。根据这点，不久就可找出犯人。"

穆德探长提出疑问："黑色窗帘的布料很厚，即使屋内开着灯，室内的人影也映不到外面去，而且，汤姆·林奇博士是在电灯下方被击中的，他的影子更不会映到窗户上，那么，犯人究竟是怎么瞄准射击的呢？难道是偶然打中的吗？"

探长的疑问，警察局局长无法解答，只好说天黑时做一下试验。这时，探长看见房门旁的电灯开关，便试着按了几下，书房的电灯一亮一灭没什么异常。

经过试验，证实了探长的疑问。"从窗帘缝隙处，仍可知室内是否开灯，然而，罪犯只用一枪便命中了他，的确是个神枪手，也许罪犯非常自信瞄准了。"探长感到有些奇怪。

"已大致知道犯人是谁了吗？"穆德探长单刀直入地问。"有两名重大嫌疑犯，即汤姆·林奇博士的两个侄子，汤普瑞和马丁森。博士现在是单身，又没留遗嘱，遗产将由他们两人各自继承一半。博士有相当大的一笔遗产。"警察局局长说。

接着警察便询问了汤普瑞和马丁森。案发的当晚，两人在叔父家共进晚餐。之后，三人在书房隔壁的起居室里谈话。据说 8 点 30 分的时候，汤普瑞和马丁森回家去了，而帮工苏珊女士已于 7 点 30 分先走了。此间，两个侄儿分别都进过书房一次。汤普瑞首先进去的，博士的烟抽完了，他进书房去取。临走之前，马丁森从书房里借了本书后回去。其间，汤姆・林奇博士一次也没进过书房。而且汤姆・林奇博士一直把他们送到门口，然后关上了门。不料他进入书房后被射杀。第二天早上案发时，他家门还紧关着，整个案发现场呈密室状态。

两个侄儿住在各自的公寓里。据他们说，在叔父家告别后，一个向左、一个往右各自回去了。探长想到这里，闭目沉思着。片刻后，他突然睁开眼睛，对警察局局长说："据苏珊女士讲，发现尸体时，书房的灯还亮着？""是的，电灯亮着。""那我知道谁是凶手了。犯人是巧妙地利用电灯狙击博士的。"

那么，根据探长的推理，真正的犯人是两个侄子中的哪一个呢？

13 火车站突发事件 202

FBI 侦探亚当准备到新奥尔良去度假，这是他一年中唯一的假期。此刻，他正身处于火车站熙熙攘攘的人群中。

"劳驾，请让一让。"他听到身后有人礼貌地说。亚当侦探连忙让到一旁，只见一个身穿宽松的黑色长裙的年轻女子，推着轮椅走了过来，轮椅上坐着一位老人，也穿着宽大的病号服。他蜷缩在轮椅里，表情十分僵硬。

"有什么需要帮忙的吗？"亚当侦探询问道。

"非常感谢，我想不用了。"年轻女子婉言谢绝，她叹了口气说道："这是我的父亲，他偏瘫已经有一年多了，现在，我打算带他去新奥尔良治病。"

亚当侦探接着彬彬有礼地说："新奥尔良吗？正巧我也去那里，要不结伴同行吧，如有什么需要帮忙的地方，我一定尽力效劳。"

年轻女子婉言谢绝了亚当侦探的好意。她推着轮椅，慢慢消失在人群中。看着她的背影，亚当侦探忽然觉得有点不对劲儿，可到底哪里有问题，却又说不上来。转眼开车的时间到了，一列从远处开来的火车呼啸着马上就要进站了，亚当侦探拿起行李准备上车。突然，尖利的刹车声响彻车站，刹车片在铁轨上磨起阵阵火花，伴随着旁边乘客的尖叫，刚进站的火车以飞快的速度撞上了出现在铁轨上的那辆轮椅，可怜的老人当场死亡。

亚当侦探马上停住要上车的脚步急忙赶过去，见刚才的那位年轻女子正坐在地上哭泣。她撕心裂肺地哭着，自责地拍打着自己的身体。几位乘客试图安慰她，但是她的情绪始终无法平静。

警察迅速赶到，一位中年警员开始向她了解情况。年轻女子哭诉道："刚才我好端端在等车，送我父亲到新奥尔良治病，谁知道火车进站的时候，一股强大的气流向我吹过来，把我一下子向外吹去，我一时站不稳，跌倒在地上。而我父亲的轮椅顿时失去控制，一下子冲下站台，卡在铁轨上！然后就……都是这该死的站台设计，我要告这该死的火车站！"

"女士，很遗憾，你说的是假话。"亚当侦探在一旁冷冷地说，"不管你是因为遗产还是其他的原因下这样的毒手，都不能逃脱法律的制裁，警察先生，请立刻拘捕她。"

你知道亚当侦探是怎样知道她在撒谎的吗？

14 被遗忘的微小证据 202

艾利为躲债搬到了一个秘密住所，可还是被债主乔治发现了。这天夜里 10 点钟，艾利正在客厅里看电视，乔治找上门来，他把嚼着的口香糖吐到门口，提出索还债款。艾利一边央求他宽限一点时间，一边从冰箱里取出啤酒，倒进酒杯，请他喝。趁乔治不注意，艾利便抄起空酒瓶砸在乔治头上。乔治受到突如其来的一击，来不及叫喊，便倒地身亡了。

艾利从车库里把汽车开出来，再把乔治的尸体装进行李箱，开到很远的公园把尸体抛进池塘里。凌晨两点回到家，艾利又把房间打扫得干干净净，桌椅、啤酒杯、大门把手及门铃的按键都擦了又擦。这样，乔治来访的痕迹一点儿也没留下。

由于神经过分紧张，艾利吃了安眠药才入睡，第二天醒来已是傍晚时分了。门铃响了起来，艾利开门一看，有两个 FBI 警探站在那里。

"昨晚有个叫乔治的到你这儿来过吗？今天早晨，他的尸体在一个池塘里被发现了，他上衣口袋里的火柴盒背面写着你家的地址。"

“不。昨天晚上没有任何人来我家。我和乔治先生也很长时间没见面了。”艾利故作镇静地回答。然而，刑警们却轻蔑地笑着说：“这可奇怪了。实际上今天上午我们已经来过一次了，怎么按门铃也没人开门，我们以为你家里没人就回去了。并且，我们已经在你家门口找到了证据。”

FBI 刑警从衣袋里掏出一个证物袋，让艾利看里边装的东西。艾利见罪行已被揭露，只好从实招供。

请问，你能想到小证物袋里面装的是个什么东西吗？

15 头号嫌疑人是谁

202

某日，一地下贩毒者昨晚中枪死亡的消息轰动了纽约市。

死者是因口中饮弹身亡的，身旁丢着一支手枪。因为找不到被人用枪抵入嘴里枪杀的证据，所以警方断定为自杀。但死者既无自杀动机，也无遗书。

FBI 的埃伦探长不认同这个调查结果，他决定亲自来彻查此案。

他认为，被害人大概是被其同伙干掉的，因为他一旦被抓就会供出他们。此人虽然贩毒，但自己并未沾染毒品，甚至连烟酒也不沾。不过，他不知为何非常喜好口香糖和巧克力。

探长通过调查，锁定了两名有嫌疑的人：一名是在小酒馆当侍者的年轻人，一名是年轻的牙医。

埃伦探长先去见了在小酒馆当侍者的年轻人，面对探长的询问，年轻人如此回答：“真是够不幸的呀！不错，我以前就知道他贩卖毒品，可货是从哪儿进的我没问过。先前我劝过他洗手别干了，贩毒的都没什么好下场。果不其然，连小命都折腾进去了。”年轻人说着。从他脸上丝毫看不出对朋友的死有何遗憾，他只是一个劲儿地用被烟油熏黄了的手指敲打着桌子。

随后，探长又去访问了那名牙医。由于死者嗜糖如命，满口虫牙，所以常去诊所看牙。到了诊所，在外听不到诊所里面有钻头声，这说明诊所的隔音设备很好。这是因为候诊时让患者听到钻头声无疑会使患者感到恐惧。

年轻的牙科医生回答了探长的提问，说道：“无论怎么给他治，虫牙马上又出来了。他的尸体被发现时，也把我叫去确认他的身份。可他脸的下半部分被打飞了，所以我所能确认的部分已所剩无几。”

聪明的读者，你认为这两个人中谁的嫌疑最大？

16 找不到的凶器 202

库伯是一个技艺高超的航模爱好者，可是他在这一次决赛中却输得很惨，整整 3 年的努力，化为泡影。

失望至极的库伯提前离开赛场回了家，满以为妻子会安慰他几句，不料妻子一看见他那副颓丧的模样，顿时火冒三丈地责骂他。责骂他是个不负责任的丈夫，工作不好好干，赚不到钱，却把她辛辛苦苦挣来的薪水大部分花费在航模材料上。

库伯克制着熊熊燃烧的怒火，避开妻子躲进摆满航模的房间。岂料不肯罢休的妻子冲进房间，用拖把柄砸起航模来，并大声叱责：“你滚出去，我再也不想见到你了，我们这就去离婚。”库伯忍无可忍，操起制作航模用的刀具向妻子刺去。

10 分钟后，库伯拨通了报警电话，称自己刚到家就发现妻子被杀。警察迅速赶到现场后，经过 4 个小时的勘查，基本排除了外来人员作案的可能，警察把疑点集中到库伯身上。然而库伯以沉默来对付审讯。警察搜查了整幢 4 层高的公寓楼，甚至对周围地区也进行了严密地搜索，可依然找不到凶器。侦查工作陷入了僵局。

直到两个星期后，警方才在邻近的 8 层楼高的酒店屋顶发现了带血的凶器。警察们迷惑了，按照时间推算，库伯似乎不太可能在 10 分钟内跑到酒店屋顶上抛弃凶器的。

那么，凶器怎么会到那里去的呢？

17 睿智的女侦探 202

早上 8 点，独居市郊的富商遗孀贝蒂夫人向警方报案，说在几小时前她在家中遭到了抢劫。

著名的 FBI 女探长苏菲随即赶到了她的寓所，并耐心听她叙述了案发经过。

“我在天亮前的 4 点多钟回到家里，直接来到这间卧室，打开灯，从镜子里看到落地窗的窗帘上有个黑影。再回头一看，果真有个人站在窗帘后面，他的影子在月光下清楚地映在窗帘上，我吓得转身想跑，却感到后脑重重挨了一击，昏了过去。”贝蒂夫人如此说。

苏菲探长走到落地窗前，看到窗帘已经拉开，窗外树影婆娑，耀眼的太阳悬在前方上空，她不得不抬起一只手遮住刺眼的阳光。突然，她转身对贝蒂夫人说：“根本没人躲在窗帘后面，夫人，你还是说实话吧，报假警可不是什么有趣的事情。”

请问，苏菲探长是如何识破贝蒂夫人编造的谎言的?

18 缉拿谋害教授的真凶

202

巴乔教授是医学界炙手可热的人物，最近，他发明的一种新药轰动了医学界。一天，探长麦考接到了巴乔教授的电话：“我是巴乔，请您马上到我办公室来下。”

探长猜测一定是发生了什么事情，于是快速赶到巴乔的办公室，只见文件柜的抽屉开着，纸片撕了一地，房间里火炉上的水已经烧开，正在“咕嘟咕嘟”冒着热气。见到麦考探长，正在地板上整理文件的巴乔教授马上站起来说：“中午时我刚回到办公室，就看到文件柜被打开了，资料散了一地，我那份新药的机密文件也不见了。”

探长说：“我看小偷一定是冲机密资料来的，你觉得谁最值得怀疑呢? ”巴乔教授欲言却止。这时，在一旁整理文件的秘书起身提起火炉上的水壶，给探长和教授沏了杯咖啡，便离开了。教授见秘书走了，悄悄地对探长说：“我有些怀疑她。”“好的，我去跟她聊聊，也许能问出什么来。”探长答道。

探长来到秘书办公室，同她聊了一些事情，感觉没什么异常。就在他们二人出来时，忽然听到教授办公室发出一声惨叫，他俩赶快跑过去，发现教授倒在椅子旁，已经停止了呼吸。经过法医检查，得知教授乃后颈部中毒针而死。

凶手是怎么在这么短时间内害死教授的呢？凶手到底会是谁呢？

19 子弹的启示

203

基德警长来到一个风景秀丽的度假村，打算利用一周的时间好好放松一下。可是，无论他走到哪里都有破不完的案子。

这天，从度假村的走廊里突然传来呼救声。基德警长听到声音后马上冲到走廊，只见有一位妇人坐在 208 的房间门口撕心裂肺地哭喊着。基德警长从 208 的房间门口往里看，看见有一位男子死在沙发上面。

警长对尸体和现场做了简单的检查，确认男子是因为子弹射入胸部而刚刚死亡。而子弹壳就落在尸体旁边不远的地毯上。很快，警察赶来封锁现场。他们看到基德后感到很惊讶，向他敬礼之后，开始了解事情的经过。

妇人边哭边说：“十几分钟前有人敲门，我刚一开门，一个戴面具的男子二话不说就朝我丈夫开了一枪，然后逃之夭夭。”

基德警长问妇人：“那个人是在门口开的枪吗？”

妇人答道：“是的。”

基德警长立刻告诉站在旁边的警务人员：“把这位夫人带回警署审讯，我希望她能说出事情的真相。”

请问，基德警长为什么怀疑年轻的妇人在说谎？

20 被人识破的吹牛侦探

203

一位富翁的儿子被人绑架了，警方侦查接近一个月，仍毫无头绪，于是富翁就想聘请一位私家侦探代为破案。富翁许诺，如果哪位私家侦探救人成功，则以十万美金作为答谢。富翁为了保险起见，选了一批侦探进行考察。富翁为了要考验这些侦探们的机智及工作能力，要求各人把自己的工作成绩讲述出来，以便择优聘用。

阿尔法是一家私家侦探社的雇员，他得知了这个消息，很想得到那笔赏金。但是，由于他的资历非常浅，只有一年私家侦探的经验，他知道自己肯定难以在众多名侦探当中脱颖而出。于是，他就想了个办法。

当富翁问及他的功绩时，阿尔法立即说："我记得在三年前 7 月的某天，我与朋友往城外的池塘钓鱼，我们坐在堤坝旁边，全神贯注钓鱼的时候，突然从水影中看到两个彪形大汉的影子。我回头一看，记起其中一个是通缉犯，于是我立即转身把鱼竿一挥，用鱼钩把他们钩住，交给了警方。"

阿尔法正为自己的谎言扬扬自得，谁知，富翁听后，却冷冷地回答："对不起，阿尔法先生，你编的故事非常动听，可是我想聘请的是一个诚实的侦探，而非吹牛侦探呀！"

你知道阿尔法的一番话，露出什么破绽了吗?

21 电视破案 203

警方在破获一起杀人抢劫案的时候，发现斯蒂森有很大嫌疑。于是就把斯蒂森抓到警察局审问。一名警察问斯蒂森："你家住在飞机场附近对吗？"

"对，我想你们不会因为这个抓我吧！我希望你们马上放了我。"斯蒂森满不在乎地说。

警察说："前天在飞机场附近的一座公寓里，发生一起命案，有位目击者说抢劫犯和你长得非常像。"

斯蒂森说："那位目击者只是说相似，并不能说明我就是那个杀人凶手，还有你们说的案发时间，我正在家里看电视，我根本就没有作案时间。"

警察说："那在你看电视的时候，有飞机从你家楼顶飞过吗？"

斯蒂森说："有，我看电视这段时间有两架飞机飞过。"

警察说："那你看电视的时候，没有发生什么异常情况？"

斯蒂森说："你是说电视吗? 我的电视质量很好，没有任何问题，告诉你们，如果在 24 小时之内你们找不到证据，我就起诉你们。”

警察笑着说：“证据我们已经找到了，你在说谎。”

警察从哪里找到的证据？

22 东京杀人案

203

在东京一座古庙里发生了一起命案，山田队长带着属下前来调查。死者是头部中枪而死，尸体左侧墙上写着非常明显的字母 F，经鉴定墙上指纹是属于死者的。

山田问一位目击者：“你看见罪犯长什么样子了吗？”

目击者说：“没有，罪犯穿着黑色的衣服，脸上戴着一个面具。他看见死者举手就开枪，一枪毙命。”

站在一边的属下对山田说：“这一定是死者给我们留下的线索，我们可以根据这个字母展开调查，找出凶手。”

山田听完说：“如果我们真的这样做，那正好钻进凶手为我们设下的圈套里了。”

属下问：“怎么会呢？”

山田向属下解释了原因之后，属下们都心服口服。你知道山田说的是什么吗？

23 左撇子

203

大雪纷飞的夜里，某镇政府发生一起入室盗窃案。镇政府保险箱被撬，6 万美元现金全部被盗。第二天早上雪刚停不久，上班的会计师大卫发现保险箱被盗后立即报警，刑警队赶到镇政府勘查现场。

调查发现，作案人是撬开窗户入室行窃的，并且根据现场可以推断出罪犯是个左撇子。警方立即对周边的住户展开调查，调查后发现只有莫尔是左撇子，警察找到莫尔。莫尔对警察说：“我昨天晚上在打牌，今早一到家，屋里没生火太冷，我才来大卫家坐了一会儿。”

刑警队长说："那你带我去你家看看。"

刑警队长是想去莫尔家里看看有没有线索。可到莫尔家大门口，刑警队长看到满院的皑皑白雪，马上命人把莫尔逮捕。

刑警队长从哪里看出莫尔就是犯罪嫌疑人的？

24 马群边的尸体

203

辽阔的蒙古草原上，有着绿绿的青草，蓝蓝的天空，清清的湖水。每当牧仁警长看到这一景象都会神清气爽，忘掉所有烦恼，沉醉在大自然当中。

可今天牧仁没有这种心情，因为在草原上发生了一起命案。死者是一名男性，死于早上 7 点左右，他身中数刀，并且在尸体旁边有一群马儿在吃草。在蒙古草原上马儿吃草是没有人看管的。经过牧仁警长的一番调查，最后认为杀人凶手就是死者的哥哥。

但死者的哥哥并不承认这一点，并对警方说："我弟弟死的时候我在和朋友们喝酒，所以人不是我杀的。"

确实，死者的哥哥喝酒的地方离死者的位置大约有 5 公里远。如果哥哥把尸体运到这么远的地方，就不可能有时间返回去和朋友喝酒。但是智慧的牧仁警长还是拿出了证据，虽然哥哥有不在场证据，可他仍是杀人凶手。

你知道这证据是什么吗？

25 情杀案件

203

这一天，艾伦带着沉痛的心情来到了前女友孟娜的家里。孟娜对艾伦说："想不到你会在结婚之前来看我，你这样做不怕她知道以后不给你一分钱吗？"

艾伦委屈地说道："我不是因为钱才抛弃的你，作为一个男人我应该对她肚子里的孩子负责，这些你能懂吗？"

孟娜淡淡一笑转身走进了厨房。

不一会儿，孟娜从厨房里端出来两杯红酒："把这杯酒喝了吧！也算是我对你们的祝福。”

艾伦接过酒杯看了看，没敢喝。孟娜大声笑道：“你怕我在酒里下毒？好，那我先喝。”

说完，孟娜喝了一小口自己酒杯里的酒，然后又把自己的酒杯递给了艾伦。

艾伦接过孟娜的酒杯一饮而尽。2 分钟后，只听“扑通”的一声，艾伦倒在地上，离开了这个世界。

艾伦喝的是孟娜喝过的酒，可他为什么还会被毒死？

26 谁下的毒

203

一天晚上，警察接到了报案，一名男子在家中中毒身亡。他们立即赶往案发现场，据死者的弟弟讲，被害人两个小时前出席了一个宴会，因为多喝了几杯，所以由弟弟开车送他回家并留下来照顾他。

这期间，死者的弟弟为了让他醒酒，就给他沏了一壶茶。安顿好之后，弟弟就一个人回家了，当他再次来看哥哥时，发现他已经中毒身亡。

于是，警长又询问比他先来一步的警察和法医。据他们讲，整个房间里除死者和他的弟弟外，没有第三者来过的痕迹。壶中的茶水也检验过，确实没有毒。警方初步怀疑死者是在宴会上吃了有毒的东西，所以现在正在进行调查。

警长来到桌边，把那只茶壶揭开看了看，发现里面有半壶茶水，上面漂浮着一些茶叶。他把壶盖好后，转身问跟在身边的警员：“茶壶上的指纹取过了吗？”

“取过了，只有死者和他弟弟的指纹。”

“那么凶手就是死者的弟弟，把他抓起来！”警长毫不犹豫地说道。

聪明的读者，你知道警长是如何得出这个结论的吗？

27 转移作案现场

203

皮特的脾气特别暴躁。一天，他与朋友在讨论一个问题时争得面红耳赤，以至于最后失手将朋友杀死。可是他不想在监狱中度过余生，所以，他穿过一片空地，将尸体扛到树林中一个废弃的看林房中，以此来转移现场。当时是一个严冬，积雪厚达 30 多厘米，空地完全被积雪覆盖。然后，他顺原路返回家中，拨通了报警电话。

几分钟后，警察赶到现场。皮特装作发现者的样子，若无其事地说：“今天早晨我像往常一样去晨练，就在我到达看林房的时候，我发现了朋友的尸体，我简直不敢相信眼前的一切。因为空房周围没有被害人和凶手的脚印，只有我一个人进出的脚印，所以我怀疑死者是在下雪前，也就是昨天夜里被杀的。”

警察早就查看了皮特往返现场时留在雪地上的脚印，便大声呵斥说：“你这个杀人凶手就别再伪装了！”

请问，警察们到底是发现了什么证据识破了皮特的谎言呢？

28 有毒的可乐

203

一个自称是汤姆斯的人哭丧着脸来到警察局报案。他向迈克警官讲述了事情的经过。

“今天我回家比较晚，到家已经 10 点多了。进门后我发现女儿丽斯趴在桌子上，开始我以为她睡着了，叫了好几声都不回答，走近一看，才发现她已经死了……”

迈克警官立即赶赴现场，在死者家中的桌子上发现喝了半听的可乐。经化验证明里面含有氰化物。桌子上零散着几张信纸，其中一张信纸上放着那半听可乐，信纸上的笔迹十分清晰。

“这个听装的可乐原来放在哪里？”迈克警官问道。

“是在厨房的冰箱里。”汤姆斯回答，“我女儿最爱喝冰镇的可乐，所以我家冰箱里总是备有大量可乐，谁知有人却借此投毒害死了丽斯。”

迈克警官打开冰箱看了看，又回到丽斯的房间。他拿起桌上的一张信纸看了看，问助手：“这些信纸都鉴定过了吗？”

“是的，经鉴定，上面的字迹和指纹全是丽斯的，信纸上写的都是有关失恋的诗句。”

“你女儿恋爱了吗？”迈克警官问道。

“是的，”汤姆斯答道，“由于我不同意她小小年纪就恋爱，所以她与男朋友在几天前分手了。”迈克警官又抽出了那张压在可乐下的信纸端详了一会，又问：“那听可乐一直都压在这张信纸上吗？”

“对，没有人动过它。”汤姆斯说道。迈克警官思考了片刻，判断说：“这听可乐不是丽斯自己从冰箱取出来的，而是罪犯拿来让她喝下的！”

请问，迈克警官为何这样判断？

Clue 7

发散思维，解决难题

1 被识破的伪装 204

有一天，艾特警官独自在餐厅用餐。突然，一位满头白发的老妇人走了过来。

“对不起，请问这个位置有人坐吗？如果没有我可不可以坐在这里？因为其他桌子都客满……”老妇人彬彬有礼地问道。

“当然，您请便，女士！看来今天生意可真好。”警官若无其事地回答。

老妇人在对面坐了下来。然后，她向服务生点了一杯酒和一些烤肉，并表示烤肉要五分熟。真是位美食家，艾特警官心想。

警官先生用完餐，正想离席，服务生端来了一杯原本没点的可乐。

“五号桌客人请我送来这杯可乐。”服务生说。

警官手握着装满可乐的玻璃杯，不解地往五号桌望去，原来是他的好朋友，FBI 警探迪伦。迪伦正边看报纸边喝咖啡。艾特警官向他打招呼。但不知为什么，他故意装作一副什么事都不知道的样子。反正有人请客，警官便毫不客气地喝起了可乐。喝了差不多 2/3。他突然微微一笑，将可乐杯放在桌子上，向对面的老妇人说道：

“艾米小姐，你化装成老婆婆很合适啊！连我这个老相识都差一点儿被你骗了。”

“啊……警官怎么知道的？”

“是坐在五号桌的迪伦探长告诉我的啊！你变成这个模样，是不是打算在餐厅里做什么坏事啊？毕竟你才被放出来没多久，我得先警告店长。失陪了！”警官离席后往第五桌走去，和迪伦一起离开了这家餐厅。

艾米百思不解，不知道坐在远处的迪伦探长用什么方法告诉了警官，她化装成了老太婆。端咖啡来的服务生一句话也没多说，而且没交给警官任何纸条，当然，更没使用唇语或手语。

艾米思考了一会儿，突然注意到了桌上喝剩的可乐，说道：“我知道了！真是让人不得不佩服。”

各位，请问迪伦到底用什么方法通知了警官，对面的老太太是艾米化装的，你能想到吗？

2 未融化的冰咖啡

204

接连三天彻夜狂欢的舞蹈嘉年华会结束之后，亚特兰大的街道恢复了平静，但这样的平静很快就被打破了。

市内一栋公寓里，一位独居的画家的尸体被发现了。现场的情况是，画家俯身趴在桌子上，因背部被刺中身亡。这张桌子上放了一杯冰咖啡，房内没开冷气，有点闷热，但咖啡中的冰块尚未完全融化。

“这么说起来，死者遇害不久。”现场取证的 FBI 警员布里克说道。

不久，根据对整栋公寓内外的调查结果，FBI 逮捕了一名嫌疑人。但这名嫌疑人辩称，自己之前确实来过死者家，但在警方公布的尸体被发现时间的前 2 个小时，就已离开现场了。

“这足以证明我不是罪犯！经过 2 个小时，冰咖啡里的冰早就融化了。”这个人宣称自己十分无辜。

但是，根据搜查的结果，公寓的管理员称：嫌犯到达现场时，携带了像冰桶之类的箱子。这条线索让 FBI 刑事专家立即识破了犯人的伪装，将他绳之以法。

那么请问各位读者，这位嫌疑人是如何使冰咖啡中的冰块历经 2 个小时还不融化的呢?

3 为了父亲的爱

204

商人比利亚为了给自己的孩子们有一个优越的生长环境，十分努力地工作，可谓是拼命三郎。他多年来在商海里浮沉打拼，常是过家门而不入，将所有精力都奉献给了事业。幸而，皇天不负有心人，比利亚后来拥有了非常庞大的家业，更是应酬起来没完没了。

一天，正在忙着签一份重要合同的比利亚却突然接到了保镖打来的电话，说他的小儿子哈利被人绑架了！比利亚一听闻这个消息，就急得不得了，工作也顾不上了，一边联系他认识的 FBI 探员，请求他们帮助寻找儿子，一边急忙往哈利失踪的地方赶。

哈利有两个哥哥，他出生的时候，比利亚就开始忙着商务应酬了，虽然从小被母亲和两个哥哥娇生惯养着长大，却很少得到父亲的关爱。因此，比利亚对小儿子十分愧疚。所以，即使长大后的哈利性格火暴，经常发生打架之类的事情，但他对小儿子的爱意从没有一丝冷却。

等比利亚到达案发现场时，警方和比利亚请来的那名 FBI 探员也都到了。他们勘查过现场的线索后，又找到了目击者。据目击者称，哈利从一家酒店出来的时候，一辆黑色轿车突然在他身边停下了。紧接着，从车上下来几个操着刀棍的人。其中拿刀的人用刀逼住哈利的脖子，拿棍子的人在旁边威吓，哈利不得不跟他们上了车。

警方就根据这样的线索，随即对此展开调查。比利亚也在一旁着急上火，无心工作。可是，唯独比利亚请来的 FBI 探员无动于衷，丝毫不紧张。比利亚看到后，很是生气，正打算大骂 FBI 探员一通。没想到，FBI 探员说了一段话，比利亚就气消了，而且，没多久，比利亚就找到了小儿子。你知道这是怎么一回事吗？

4 谜一样的白色康乃馨

204

有一位富有的富商遗孀萨曼莎夫人，独居在旧金山郊区的一栋房子里。五月的第二个星期天晚上，她被发现陈尸于自家庭院的花园里。FBI 警员们接到消息后马上赶到了现场，现场的情况是萨曼莎夫人腹部中刀，右手握着一朵白色康乃馨。

马洛里探员注意到，花园中间开了许多红色、白色康乃馨，与被害人手中的花朵大小相似。据他推断，萨曼莎夫人一定是在被刺倒下之前，摘下其中一朵白色康乃馨攥在手中的。

经过进一步调查，死亡时间推定为当天傍晚。不久后，根据 FBI 探员们调查的结果，锁定了两名嫌疑人，这两人均为被害人的女婿。

第一名是罗勃·布洛克，被害人长女的丈夫，高中教师。年幼时父亲生病死亡，由母亲独自抚养长大。母亲与岳母交恶，岳母总是看不起他贫穷的母亲。如果他是凶手，那一定是因为岳母侮辱了他的母亲而生气，杀死了岳母。

第二名是亨利·柯林兹，与被害人的次女结婚，是建筑设计师。自幼父母双亡，在孤儿院长大，苦读至大学毕业，但他好赌，最近更是财务濒临危机。如果他是犯人，一定是以岳母的财产为目标。

马洛里探员根据现场的情况经过精密推理后，很快得出了答案。

那么，如果你是名侦探，能从以上的资料推理，找出真正的凶犯吗？

5 枫叶的秘密

204

十月中旬，美国华盛顿正举行遗传基因学的国际学术会议。日本东京大学的村上博士也受邀出席，下榻于市郊某度假酒店内。但就在他即将发表新研究成果的前一天，被发现陈尸于饭店后公园的假山下。

假山周围有几颗枫树，散落了一地红色枫叶。FBI 刑事专家杰克注意到，死者右手紧紧地握住一片枫叶。为什么被害人要紧握一片枫叶呢？刑事专家判定，受害人很有可能是想借此暗示凶手身份！

根据现场进一步调查的结果表明，死者身上的财物未被取走，因此判断凶手不是为财杀人。于是，警方着手调查被害人住宿房间内的物品。杰克警官先是查看了村上博士残留的研究论文以及其他文件，结果他发现，在教授的一个私人记事本上，教授记下在次日的学会后，他原本计划要告发三位盗用他的研究成果的学者。

刑事专家判断，极有可能是这三位被告中的某人为了防范被告发而骤下毒手。那么，请你推理一下犯人是下列三人中的哪一人？请仔细推理。当然，FBI 已经掌握了关键证据，并采取了行动。

强森·卡瑞夫（巴黎大学教授，法国人）；

安·莫利斯（渥太华大学教授，加拿大人）；

汉斯·贝卡（慕尼黑大学教授，德国人）；

凶手就在他们三个人之中。

6 旅客半路失踪之谜 204

一辆从美国联邦火车站出发的特别卧铺车于次日正点到达终点站。列车员清理车厢时发现 13 车厢的一名乘客失踪了，于是马上报了案。FBI 的维森探长接到报案后，带队前来调查案件。

列车员向探长描述了这名乘客的一些情况。列车从联邦火车站发出后不久，列车员开始检票。检票时，列车员看到那名乘客已换上了乘务员为乘客准备的睡衣，正在叠换下的西服。而当天傍晚，当列车通过隧道，列车员来整理床铺时，那名乘客的床铺已经空了。因为皮箱还在，所以列车员以为乘客是去厕所或者是洗漱间了。然而到达终点站时，仍不见那个人的身影，所以列车员便报了案。

“因为车门不是手动的，所以他不会因为深更半夜去厕所而从车门口掉下去。肯定是在中途几次停车时，他到站台去而被车丢下了。”列车员对探长说。

“可是没有收到任何车站的联络。如果乘客被绑架了，在中途站被强行带下车的话，那么穿着睡衣下去不是太显眼了吗？”助手对这一失踪案件直摇头。

维森没说什么，他看了看乘客的遗留物。遗留物有皮箱、一本周刊及一盒点心。打开皮箱一看，里面装有一套西服、一件衬衣、一条领带及一套洗漱用具。西服上衣的兜里装有 10 万元的现金和笔记本、名片夹、东京市内的月票、手帕、卫生纸等。根据名片夹里的名片和月票得知，失踪者是 M 银行 W 分行的代理分行长。

“遗留物就是这些吗？”

“是的，就是这些。”

“看来此人既不是被绑架，也不是被车丢下的，而是本人故意失踪的。如果是在银行工作的人，那一定是为了贪污巨款的事躲藏起来了。”维森探长断定说。

请问，维森有什么证据下这样的判断呢？

7 被打破的玻璃橱窗 204

位于赤道正下方的新加坡，国土面积并不算辽阔，却是世界第二大国际贸易港。繁华的街道上，高楼大厦、百货公司、购物中心林立。其中，欧洲名牌店最为观光客所喜爱。

这一天晚上，某条大道的一家珠宝店在打烊之后，橱窗玻璃被打破了。不知是企图盗窃还是恶作剧，犯人从对面的人行道，把某种东西丢掷向了玻璃。

瞬间，警铃声大作。警员驾驶巡逻警车正好在附近，警察立即赶到现场查看。调查后发现，犯人什么也没拿就逃走了。

警方在现场搜寻证物。奇怪的是，一直找不到犯人丢掷向玻璃的凶器。

橱窗是厚达 1.5 厘米的玻璃。就算拿小石子丢，现场也应该找得到小石子啊！如果用手枪射击，子弹应该留在店内。但店内却实在找不出有什么可以成为凶器的物品，只有一地的玻璃碎片。

难道是用冰块丢的吗？且不说冰块能否砸碎玻璃，假设真是如此，警员们怎么没看到地上有冰块融化的痕迹呢？

那么，请问，到底犯人是如何弄坏玻璃的呢？

8 数学家手中的钥匙圈 205

尼尔森是位很有名的数学家，为学术界做出了很大的贡献。有一次他外出参加学术研讨会，没想到那竟是他最后一次做学术报告。

尼尔森被人发现的时候已经死在他所入住的宾馆里。这件事情惊动了政府部门，相关领导命令 FBI 一定要将此事查个水落石出。

詹姆斯探长当然是最早一个到达尼尔森入住的宾馆的。一进 313 号房间，詹姆斯就看见倒在那里的尼尔森，他胸部中弹，躺在客厅的地板上，鲜血染红了地毯。

詹姆斯走近尼尔森，然后他发现尼尔森的手里攥着一个东西。尼尔森手里拿着的是一个钥匙圈，詹姆斯戴上手套将这个钥匙圈拿下来。这钥匙圈并没有什么奇怪的地方，很普通。尽管如此，詹姆斯还是小心翼翼地将它放进了塑料袋中。他的大脑飞快旋转：数学家手里的钥匙圈，是在告诉我们什么？

忽然，詹姆斯恍然大悟说："快和我到另一个屋子里去抓人。"

请问，这是怎么回事？詹姆斯所说的另一个屋子到底是哪个？

9 录音机是谁安放的

205

某公司研究开发出一套新软件，将要应用在空军的战斗机上。这是国家 A 级保密的项目，国外的情报机关不惜重金，想要收买公司的人员，窃取软件的情报。

某个周一下午 1 点钟，在公司的会议室里，举行了新软件的论证会。会议是在绝对保密的情况下召开的。会议进行到一半，有个工程师不小心把笔掉到地上了，他俯下身子去拾，却发现桌子底下有个奇怪的小盒子，拿下来一看，竟然是用来窃听的微型录音机！

总工程师马上宣布会议暂停，并向警方报了警。摩恩探长迅速赶到现场。他先检查了录音机，录音带上开始没有声音，1 分钟以后，听到轻微的关门声，又过了 10 分钟，听到很多人进来的脚步声和说话声。根据这些条件，摩恩探长推测，安放录音机的时间大约是在 12 点 45 分。根据调查，当时有可能进入会议室的，只有两个人。于是，探长和经理一起，在经理室分别找他们谈话。

首先进来的是一位名叫茱莉的女秘书，她说："我 12 点 30 分进会议室，把文件放在桌子上，就马上离开了。"经理看了看她的脚，生气地问："公司规定上班应该穿平跟皮鞋，你怎么穿高跟鞋？"女秘书红着脸说："实在抱歉，昨天是周末，我住在父母家，今天早上起床没有时间回家换鞋，便穿了周末穿的鞋子，请您原谅。"

接着进来的是男清洁工，他说："我进会议室擦完桌子，就出来了。"探长还没有问话，经理指着他脚上的网球鞋，生气地责问："你怎么也不按规定穿皮鞋！”清洁工支支吾吾地说：“对不起先生，我中午去打网球，忘了换鞋了。”

询问完毕后，摩恩探长告诉经理：“我知道微型录音机是谁放的了。”

请问，你认为谁是放录音机的罪犯呢？

10 神秘方块Q的暗示 205

一张方块Q纸牌能杀死人吗？神秘的方块Q有着什么隐秘的含义呢？一张方块Q对扑克占卜师来说，意味着什么呢？

警长苦苦思索着面前发生的这件谋杀案。死者是一位小有名气的扑克占卜师，今早被发现死在自己的单身公寓里。他的后背插着一把匕首，看上去应该是在占卜时受到突然袭击。扑克牌散落一地，可是，方块Q却被死者紧紧攥着。可见，占卜师是在用这张牌诉说自己的冤情。那么到底方块Q暗示着什么呢？

“扑克牌的方片一般被认为是宝石的意思，难道凶杀案与钻石有关？”警员卡拉说道。

“我觉得凶杀案应该与数字有关，Q代表12，与占卜师有关系的搞数字的人一定与凶杀案有关。”警员道格猜测道。

不久，侦查结果出来了，浮现出以下三个嫌疑犯：职业棒球手、宠物医院院长、歌舞演员。其中，宠物医院院长为女性，其他两人为男性。

警员卡拉和道格都无法判断出谁是凶手，但是警长一看就认出了凶手是谁。

你知道凶手是谁吗？为什么？

11 音乐家的无字遗嘱 205

音乐家阿尔法和词作者库尔是一对盲友。阿尔法病危时曾请库尔来做公证人，立下一份遗嘱，他把自己一生积蓄里的一半财产捐给了残疾人福利机构。

音乐家让他的妻子拿来笔和纸，以及个人签章。他在床头摸索着写好遗嘱，装进信封里亲手密封好，郑重地交给库尔。库尔接过遗嘱，立即专程送到银行保险箱里保存起来。

一个月后，阿尔法死于癌症。在他的葬礼上，库尔拿出这份遗嘱交给残疾人福利机构的代表手中。但当代表从信封中拿出遗嘱时，发现里面竟然是一张白纸。

库尔根本无法相信，阿尔法亲手密封、自己亲手接过并且由银行保管的遗嘱会变成一张白纸！这时来参加葬礼的尼克探长坚持认定遗嘱有效。众人都疑惑不解地看着尼克探长，期待着他的解释。你认为探长会怎么解释？

12 船长遇害之谜

205

一天上午 9 点左右，埃德蒙侦探和助手来到海边闲逛，他们望着绵延的海岸线，不经意间看到远处的沙滩上停泊着一艘整体倾斜的小帆船。令二人不解的是，这时正是退潮的时候，怎么会有帆船停泊于此呢？于是，埃德蒙和助手走近帆船，对着船舱大喊了几声，无人应答。埃德蒙随后就沿着放锚的绳子爬到甲板上，从甲板的楼梯口往阴暗的船室一看，只见一个人躺在船舱里，浑身上下都是鲜血，通过死者身上的信息核实，死者正是船长。

埃德蒙仔细检查了一番，他们在船长的手中发现了一份被撕破的血迹斑斑的旧航海图，航海图被船长紧紧地握在手中，直到死时也未松开。船长的床头柜上还竖着一根蜡烛，蜡烛的上端呈水平状态，但已熄灭。埃德蒙据此推测，船长可能是在点蜡烛看航海图的时候被杀害的，凶手杀死船长后就熄灭了蜡烛，并夺走了航海图。

助手分析道："这艘船大约是昨天中午停泊在此的，船舱里白天也是昏暗的，因此，即使要看航海图，也需要点燃蜡烛来看，船长被害的时间并不一定是晚上，可是船长又是何时被害的呢？"

埃德蒙闭上眼睛沉思片刻，然后对助手说："船长是在昨晚 9 点左右遇害的。"

埃德蒙是怎样判断出来的呢?

13 跳崖者的眼镜

205

警方接到报案，在某个著名旅游风景区海边悬崖下发现一具男尸。探长乔治立即带上了精干的助手赶赴现场。

只见那具男尸趴在悬崖下的碎石上，浑身血迹斑斑，身上穿着一件大衣，一只脚穿着鞋子，另一只脚赤裸着，一副太阳镜架在死者的鼻梁上，旁边的悬崖足有 20 多米高。

赶来的死者亲属说死者最近做生意失败，但是他是个坚强的人，而且又不是第一次失败，他这样性格的人是不会选择死亡来逃避的。

助手们仔细地勘察了地形，考察了现场，最后认为这是一宗自杀案件。乔治探长觉得不像是自杀，但是他一时半会儿拿不出确凿的证据来。于是，他开始仔细地观察尸体及其周围的环境。突然，他大叫一声："这不是自杀，这是谋杀案！尸体是被人搬运过来放在这里的，然后伪装成他是自杀的假象！"

助手和围观的人们议论纷纷，都怔怔地望着他。究竟探长发现了什么，令他如此肯定地说这并非一宗自杀案呢?

14 赌徒的破绽

205

琼斯是一个嗜赌如命的赌徒。他以前还有点家产，但由于嗜赌如命，很快就把家产输光了，还在外面欠了很多赌债。

有一天，他走投无路了，于是想再赌一把，把以前的本都捞回来。可是现在他已经没有钱再拿去赌了，于是他就把眼睛盯在他叔叔琼尼的身上。他决定先把叔叔毒死，然后再拿走叔叔保险柜里的钱。

于是，琼斯打电话给叔叔说："晚上 8 点我去您家吃饭。我给您带点水果，作为孝敬叔叔的礼物。"之后，琼斯去水果店给叔叔买了一个大西瓜，然后用注射器往西瓜里面注入了毒药。

晚上，琼斯准时到了叔叔家，叔叔吃完西瓜后不久就死了，于是琼斯把保险柜里面的钱全都拿走了。临走时，他看见书桌上有一张纸条，上面写着："侄子琼斯晚上 8 点钟来吃饭。"琼斯担心这会引起警方的怀疑，就把那张纸撕下来带走了。

琼斯认为这件事做得很完美，没有给警方留下什么线索。但是，琼斯刚到赌城就被埋伏在那里的便衣警察逮捕了。

琼斯的疏忽在哪里呢?

15 小姑娘取暖搬救兵 205

在一个异常寒冷的冬夜，风呼呼地吹着，四周特别黑。这时，一对夫妇和他们 7 岁的小女儿正围坐在炉火旁烤火、谈话。突然，一伙蒙面强盗闯入了这家院落。这伙强盗把主人夫妇从炉火旁拖到了一边绑了起来，还拿着宝剑，直逼主人的喉咙，让主人夫妇把柜门、箱笼的钥匙交出来。小姑娘的父母被吓得浑身像筛糠似的发抖，丝毫不敢怠慢，哆哆嗦嗦地挪动到梳妆台上寻出一串钥匙交给了强盗们。

或许是强盗觉得小姑娘太小了，便没绑她，只是让她和她的父母待在一起。接着，强盗们便立即分散奔入各个房间，翻箱倒柜，搜刮财物。顷刻间，原本温馨、整洁的卧室、厅堂、书房等地方，全被翻得凌乱不堪。此时，蹲在角落里的小姑娘压下了心底的恐惧，想到了一个主意。她装出十分害怕的样子，对放哨的强盗哭哭啼啼地说："叔叔，我好冷啊，你让我到厨房里暖和暖和吧？"那强盗见小姑娘那么小，心想她又做不了什么，于是很不耐烦地说："去吧！"

小姑娘马上跑进厨房，将门拴上。然后拿着敲火石，点着了油灯，并往灶间塞进几大把柴火，将火点着了，然后推开窗子，跳入了后院，然后又将窗子关好。放哨的强盗走到厨房门前，朝门缝里窥探了一下，只见里面火光一片，他估计那小姑娘正蹲在灶前取暖，便重新回到厅堂门前放起风来。

谁知，小姑娘来到后院后，想了一个办法，居然让众多的村民来到了这里。那个时候，正埋头寻找财物的强盗们听见外面人声喧闹，猛然惊觉，想要外逃，可为时已晚，全被村民们给活捉了。事后，村民们无不赞许小姑娘随机应变的智慧。那么，你知道小姑娘想的是什么办法吗?

16 两个“好”故事

206

艺术大师曼先生在一个秋夜被杀了，但不知道凶手是谁。不过，他曾在临终之时，用自己的血悄悄写下了一行血书，提示凶手是谁。而且，或许是因为秋季的缘故，血迹很明显。这行字的内容是：“小心好，好是杀我的凶手。”

负责办案的探长看到了这个句子，感觉莫名其妙。后来，警察们根据对曼先生生前发生的一些事情的调查，捕获了三个当晚和曼先生接触过的人。

第一个叫陈好。他和曼先生见面时间最早，而且是最早离开的一个，只因他名字有个“好”字，才被怀疑。

第二个叫佳佳，她美丽而擅长交际，曼先生正在追求她。当晚她和死者相处时间最长，嫌疑最大。

第三个是曼先生的老友迪恩。他嫌疑极小，无杀人动机，和死者属生死之交，只因他平常被人称为“老好人”而被怀疑。

根据上面提供的三条线索，你能猜到谁是杀人凶手了吗？为什么?

17 “MN”的秘密

206

美国总统林肯在就任美国总统一职之前，曾经做过一段时间的律师。那个时候，他遇到了一件奇怪的案子。

一天，汉克农场的记账员在出纳室里被杀害了。死的时候，他的右手里握着一支笔，倒在大门前的地上，大门上有“MN”两个字母，是记账员临死前用手中的笔写的。出纳室地上散落了许多文具用品，仓库里的钱也被抢光了。警察推测，凶手大概是在记账员工作时进来的，然后，当记账员向门口逃去时，被凶手追上而杀死的。

农场主汉克先生说：“门上的字一定是记账员被害前写下了凶手姓名的第一个字母，而凶手却没有发现，就匆匆逃跑了。根据这两个字母来看，这个凶手一定是那个黑人莫里斯·纽曼干的，他的姓名前两个字母就是MN，快把他抓起来！”

莫里斯·纽曼太太见丈夫被捉，觉得很冤枉，因为凶案发生时，他们夫妇俩都在农场里工作。她知道林肯一直都是保护黑人的，于是就去找林肯作为他们的律师代为辩护。

林肯仔细研究过这个案子后，从农场的工人里找出一个名叫尼吉·瓦得逊的人。这个人平常爱赌博，爱喝酒，品行很不好。林肯对他说：“是你杀死记账员的！”

“胡说，你有什么证据？”

林肯说：“记账员在门板上写了 MN 两个字母。”

“MN？是那个黑人，我名字是 NM！”

林肯笑着说：“凶案发生的时候，你在哪里？”

尼吉·瓦得逊无言以对，终于承认是凶手。

你知道林肯是怎么推理的吗？

18 拿走了一颗珍珠 206

侦探威尔正在上网，这时他的信箱里突然收到了一封紧急求救信。写信的是他的朋友百万富翁福斯特。

“威尔，我需要你的帮助。你知道，我有一个非常名贵的卢米埃尔首饰盒。这是著名的工艺大师卢米埃尔的杰作，在他去世之前，他总共只完成了四个这样的首饰盒。很幸运，我得到了其中一个。我在首饰盒里放的是一串珍珠项圈，上面有整整 100 颗珍珠。我总是把锁首饰盒的金钥匙挂在脖子上。昨天我举办了一场宴会，其间把首饰盒拿出来给大家欣赏，因为它本身就是一件珍宝。然后，有人想看看这个小小的首饰盒里面放的项圈。于是我拿出钥匙准备打开盒子。令我惊讶的是，首饰盒上的金锁居然被弄坏了，好像有人想要强行打开一样！我的金钥匙不管用了，所以我只能把金锁撬开。项圈还在盒子里面，我松了一口气。不过你知道，我是个疑心很重的人，所以我又数了数项圈上面的珍珠。奇怪的是，只有 99 颗！我数了两遍，都是这样。那个窃贼一定是设法打开了首饰盒，同时还弄坏了那把很值钱的金锁，可是却只拿走了一颗珍珠，然后又把它锁上了。你说奇怪不奇怪？威尔，请帮帮我。我该怎么做呢？”

威尔读完了信，上网查了查关于卢米埃尔首饰盒的信息，并在一张纸上记下了3个名字。然后，他开车去了福斯特的别墅，向福斯特要了一份参加宴会的客人名单，与他自己的名单对了对。上面有一个名字是相同的。

威尔对福斯特说："我认为这个人就是窃贼！"

威尔是怎么知道的？他手上的那份名单是什么？窃贼为什么只拿走了一颗珍珠？

19 元宝断案

206

从前，有个十分聪明的孩子叫元宝。一次，他和父亲出门去外地，住在一家旅店里。可到了半夜的时候，有一个强盗手持钢刀闯进了他们的房间，并用刀逼迫元宝和他的父亲交出财物，否则就要对他们行凶。

这时，打更的梆子声由远而近地传来，心虚的强盗就催促假装在找东西的元宝赶快交出财物。可元宝却告诉强盗，如果着急的话就必须允许自己点亮灯盏来找。于是，就在打更的梆子声在房间的门外响起的时候，元宝点亮了灯盏，并把父亲藏在枕头下面的钱交给了强盗。可就在这个时候，门外的更夫却突然大声地发出了“抓强盗”的喊叫声，很快，人们就冲进了房间，抓住了还来不及跑掉的强盗。

你能想到元宝是怎样为走在门外的更夫做出屋里有强盗的暗示的吗？

20 潜入别墅

206

鲍勃先生的别墅附近住着两个淘气的小孩，他们知道鲍勃是不会在别墅里过冬的，附近的人都知道这一点。所以他们在鲍勃刚搬走后产生了强烈的好奇心，想感受一下住别墅的感觉。

这天气温是零下6℃，他们偷偷潜入鲍勃先生的别墅内，并点燃了壁炉，没多久屋子里便暖和起来。他们打开冰箱一看，里面有好多食物和酒，当即他们把冰箱里所有东西都拿了出来。

他们在暖暖的屋子里，一边吃着美食，一边喝着酒。正在他们享受着本就不属于他们的生活时，门铃响了。两个淘气的小朋友喝得有些醉了，还以为是在自己家里，所以没有考虑就开了门。开门之后外面的寒风吹得他们打了个冷战，再看看门前这位警察大叔，顿时酒意全消。

警察大叔怎么会知道屋里有人的呢？

21 半路拦截

206

因为父亲病重，邦德警长连夜开车去探望父亲。深夜，距离父亲家里还有 30 公里的地方，一名女子在路中央拦下了邦德的车子，说有很急的事等着她去办，所以想搭他的车。邦德没有多想便答应了女子的请求。

两个人开车走了不到 2 公里，突然，后面有一辆汽车追了上来，紧跟其后。年轻女子在倒车镜里看了一眼后面的车，突然叫道："后面开车的是我的丈夫，如果被他看见我坐在一个陌生人的车里，他非杀了我不可！"

邦德问："你只看了一眼就能确定那是你丈夫吗？"

女人回答："当然，我对他再熟悉不过了。"

邦德听完踩住刹车，将车停在路旁。很快后面的车子也停在了路旁。车里跳出一个彪形大汉，走到邦德面前说道："你竟敢把我老婆带到这没人的地方，你想干什么？除非你拿出一些钱来，否则我就报警。"

邦德拿出证件，然后指着大汉说道："应该是我问你想干什么才对吧？"

大汉听完吃惊地说："你在胡说什么？"

邦德严肃地说："别和我装糊涂。"

你知道邦德是怎样识破大汉的鬼把戏的吗？

22 救生筏上的死者

206

一艘小型的游艇在海上遭遇了风暴，一位船长和一位乘客因为及时转移到了救生筏中才得以幸存下来。此时海面上已风平浪静，救生筏是 4 人用的，所以承载 2 个人绰绰有余。筏上有 5 罐紧急用的罐头食品，其中两个是果汁，以此来代替饮用水。

“如果这样漂上两三天，大概会有搜索飞机来救助的，无须担心。”船长安慰着乘客。

可是，半个月后，一班国际货轮发现这个救生筏时，船长和乘客都已经死了。船长是被匕首刺死的，而乘客不知为什么用左手的一个手指抠住鼓起的气阀，俯在筏上饿死了。船上还有一把带血的匕首和 4 个空罐头盒，另一个罐头没动过，装在救生筏后面的口袋中。

“这两个人是为抢夺最后的一盒罐头而用匕首互相残杀了吧？”

“可如果是这样，活着的凶手为什么不吃罐头而活活饿死呢？”货轮上的船员们感到不可思议。

那么，聪明的读者，你知道漂泊的救生筏上到底发生了什么事吗？

23 血手印

207

一次，邦德接到报案，说一名女子死在自家的别墅里。邦德急忙带着法医来到了案发现场。在现场发现，女子死在主卧墙边，腹部被利器刺了数下，墙上还印有两个手印，每个手印上的指纹都非常清晰。邦德对其他房间也进行了仔细检查，但并没有发现什么有价值的线索，而且屋内所有的值钱物品都没有丢失，显然这不是入室抢劫谋杀案。

邦德检查一圈之后回到主卧，发现法医正在收集墙上的 10 个指纹，邦德倚着墙对法医说：“你收集它是没有用的，因为那根本就不是凶手自己的指纹，是为了迷惑警方，而留下的其他人的指纹。”

法医不明白邦德警长依据什么会说出这样的话。请问，你知道邦德警长为什么会说墙上的指纹是凶手故意留下的吗？

24 被电死的盗贼

207

杰瑞是一个资深的鱼类爱好者，他每到一个地方去，都要购买当地的特产鱼，然后回家将它们摆放在客厅，还很自豪地把他的鱼展示给朋友看。久而久之，他的家俨然成了一个鱼类博物馆。

一天，一个名叫胡丹的窃贼，他听说杰瑞家有许多珍贵鱼种，就动起了歪主意。

这天，杰瑞夫妇外出，只剩下一个保姆待在家里。胡丹觉得这是一个下手的好时机，便偷偷地溜进了杰瑞的家。胡丹为了万无一失，就先把防盗警报的电线割断了。但是，在黑暗中，他不小心碰翻了一个养热带鱼的鱼缸，顿时“哐当”一声巨响，而他自己也摔倒在了地上。

这时候，保姆听到了“啊——”的惨叫声，便赶紧过来查看。她看到地上躺着一个人，再一探视，那人竟没有了呼吸。她顿时吓了一跳，立刻打电话报了警。

警察在勘查现场时发现：电线已经被窃贼割断了，而鱼缸里的恒温计也停了，室内完全处于停电状态。但是令人困惑不解的是，盗贼却因触电而死。

请问，既然电源都被切断了，盗贼是怎么被电死的呢？

25 聪明的女儿

207

有一个古印度王子叫杜尔达马那。有一天，他约了 3 个朋友一起去外地游玩。这 3 个青年分别是婆罗门的儿子、木匠的儿子和商人的儿子。

他们 4 个人来到了海边，正好赶上海上起了大风浪，4 个人眼见有一艘渔船正在风浪中起起伏伏，很是危险，便下海救起了这艘渔船。为了答谢他们，渔船的主人便送给他们每人一颗珍珠。4 个人得到了珍珠，十分高兴，便放心地交给商人的儿子保管，然后一起回了家。

商人的儿子走着走着，突然起了歹念，偷偷地把四颗珍珠缝在了大腿内侧的裤子里。第二天大家赶路时，商人的儿子有意落在后面。过了好长时间他突然叫道：“强盗！”前面 3 个朋友立即往回跑，问：“发生了什么事？”商人的儿子说：“刚才我到路边小便时，两个强盗抢走了 4 颗珍珠！”3 个朋友不相信，说：“你这个骗子，一定是在玩花样！”他们一路上争论不休，终于到了爱拉瓦古城。

爱拉瓦古城有一位大臣名叫布西沙拉。布西沙拉是一位著名侦探，任何疑难案件，只要诉讼双方说出事情经过，他就能找到公正的解决办法。

3 个受骗的旅伴就向布西沙拉告状。布西沙拉沉思良久，下令士兵搜查这 4 个人，结果一无所获。布西沙拉第一次碰到这么棘手的案子。他束手无策，吩咐把 4 个人安置好后就回家了。

布西沙拉有个小女儿，叫贾雅什丽，长得非常漂亮。看到父亲心事重重，就问出了什么事。父亲就把事情经过告诉了她。小女儿听了，说："父亲，不要难过。我有办法解决。您明天审问他们时，叫他们每人走进一个房间。以后的事由我来解决。"

布西沙拉半信半疑，说："女儿，连我都难以解决的事，你能解决？"女儿说："父亲，别那么说。各人有各人的特长，有的事我知道，您不一定知道。父亲，您不必担心，您把这几个外国人交给我，我一定探出他们的内心秘密，帮您破这个案子！"

果然，如贾雅什丽所说，很快她就破了案。

贾雅什丽是如何破案的呢？

Clue 8

世间万物，皆有联系

1 碎纸屑揭发的罪行 207

集邮专家富伦先生住在某大厦九楼 908 室。一天，当福伦先生与妻子外出时，一名跟踪富伦先生多时的窃贼鲍勃潜入其住宅，从寝室金库中偷走了 6 张世界级的珍贵邮票。离开屋子时，他又将大门上了锁。

大干一票的鲍勃十分得意，甚至光明正大地欲乘电梯离开。但是，很不幸，电梯门打开时，富伦夫妇回来了，而且，更糟糕的是，FBI 警探摩斯也一同出现在电梯中。他是应富伦夫妇之邀而来做客的。

鲍勃是老油条了，这也不是摩斯警探第一次与鲍勃见面了。摩斯以怀疑的口吻问道："你来这里做什么？想必没什么好事吧！"说完，不待他解释就抓住他的手腕，把他带入 908 室。

富伦先生立即打开金库检查，发现少了 6 张价值连城的珍贵邮票。

"快将邮票交出来！只要你交出邮票，富伦先生会网开一面，我也不再追究。"摩斯警探企图说服鲍勃。

"我什么也没偷！没错，我是潜入屋内了，但晚了一步，已经有人偷走邮票了。如果你不相信，我让你搜身。"

由于鲍勃显出一副毫无畏惧的样子，摩斯便只好对他彻底搜身。结果，只发现鲍勃衣服口袋里有一些沾满鸟粪的小碎纸屑，并没有发现邮票的踪影。

摩斯警探及富伦先生仔细搜查整间屋子，甚至连窗外及楼下也找了，都不见邮票的踪影。

怎么说也是价位不菲的邮票，小偷一定不会随便往窗外扔。正当摩斯警探想不明白时，突然，他注意到了从鲍勃的口袋中找出来的纸屑。仔细检查之后，他笑了起来。

"哈哈哈，原来如此！走吧，我们还是到你的贼窝去拿邮票吧！"

请问，摩斯警探是怎样识破了鲍勃的作案手法呢？

2 消失不见的作案工具 207

一个漆黑的夜晚，FBI 刑事专家尼克正骑着摩托沿着河边的路行驶在回家的路上。突然，从河下游大约 100 米处的桥上传来一声枪响。尼克暗道不妙，马上骑车朝桥上飞奔而去。

他一上桥便见桥当中倒着一名女子，旁边还有一名男子。男子见有人来拔腿便逃。与此同时，尼克听到“扑通”一声，像是什么东西掉进了河里。

尼克骑摩托追上去，用车撞倒男子，给他戴上手铐，又折回躺在桥上的女人身旁，发现她中了一枪，万幸的是由于天黑，凶手并没有打到致命的部位。于是他连忙打电话呼叫了救护车。

“你最好承认自己究竟干了什么。”尼克问男子。

“我真不知道，我一上桥就见有个女人中枪躺在那儿，吓了我一跳。我吓坏了，怕惹上麻烦才跑的。一定是凶手从河对岸开的枪。”

“撒谎！她明显是在近距离内被打中的，左胸部还有火药黑色的焦煳痕迹，这就是证据。枪响时只有你在桥上，这你怎么解释？”

“先生，你要是怀疑就搜身好了，看我带没带枪。”那男子争辩着。

尼克搜了他的身，未发现手枪。尼克检查了四周，桥上也未发现手枪。这是座吊桥，长 30 米，宽 5 米，按理说罪犯在短时间内是无法将凶器藏到什么地方的。

“我看你是扔到河里了吧，方才我听到了落水声。”

“那是我在逃跑时木屐的带子断了没法跑，就将它扔到河里了，不信你瞧！”那男的抬起左脚笑着说。

尼克一看，他的左脚果真是光着的，只有右脚穿着木屐，是一种四方的大木屐。无奈，尼克只好先将该男子作为嫌疑犯带进附近的警察局，并用电话向总署通报了情况。

刑警立即赶来对现场进行了勘查取证，并于第二日清晨，以桥为中心，在河的上游和下游各 100 米的范围内进行了搜查。经查证，河深 1.5 米左右，流速也并不那么快，所以枪若被扔到了河里，流不多远就会沉到河底的。然而，尽管连电动探测器都用上了，将搜查范围的河底也彻底地找了一遍，但始终未发现手枪的踪迹。

此后，石蜡测验结果表明，被当作嫌疑犯的男人确实使用过手枪。他的右手沾有火药的微粒，是手枪射击后火药的渣滓变成细小的颗粒沾在手上的。另外，据伤者体内取出的弹头推定，凶器是支双口径的小型手枪。

那么，凶手在桥上用枪射伤女子后，究竟将凶器藏到哪里去了呢？罪犯到底是采取了怎样的伪装手法来掩饰罪证的呢？

3 本是同根生，相煎何太急

○ш 207

埃里克就读于美国一所名牌大学化学系，是系里出名的高才生，很受老师和同学的赞赏。一天，埃里克在上课时接到一个电话，得知自己的父母因飞机失事双双身亡。

第二天，律师找到埃里克说："你父母生前买了意外保险，所以保险公司将赔偿给你和你弟弟一百万美元，请后天来保险公司签字。"埃里克点了点头，脸上没有一丝欣慰之情，转身冒着大雪落寞地离开了。

就在签字的前一天夜里，埃里克刚从学校实验室返回家中，正当他准备睡觉的时候，却发现弟弟的房间里着了火。他立刻拨打电话报警。可弟弟因为伤势严重，抢救无效已经死亡。

警方对起火原因展开调查，从残留下的被子上发现了一些奇怪的白色粉末。后来经警方调查核实，确认是埃里克为了自己拥有全部保险赔款金，残忍地杀害了弟弟。

请问，警方是凭什么给埃里克定罪的呢？

4 凶手的人选

○ш 208

一天中午，汤姆和杰米去看望住在郊区别墅的老师辛普森太太。平常他们要进去都要按门铃，今天的门却是虚掩着的。

汤姆和杰米推开门进去，并没有看到他们和蔼可亲的老师，而是在一楼的餐厅里发现了她的尸体。看上去，她已经遇害很多天了。

汤姆和杰米立即报了警，警方经调查得出结论，她是在用餐的时候遭到突然袭击的，一柄尖刀夺去了她的生命。之后，凶手洗劫了整幢别墅。

汤姆和杰米伤感地坐在别墅前面的台阶上，闻讯赶来的 FBI 警探杰克也来到别墅门口查看。他看到送来的报纸堆满了整级台阶，而订阅它的人永远不会再读报了。别墅院内的牛奶箱里面，放着两瓶早已过期的牛奶，也是辛普森太太订的。

忽然，杰克警探灵光一现，心中马上有了凶手的人选。

请问，你知道杰克警探怀疑谁是凶手吗？他是从哪里得出的结论呢？

5 音乐破案

208

一天下午，警方接到报案，一位英国商人死在自家院子里。警察立即赶到现场，看到死者躺在庭院中一棵大树下的椅子上，地上丢着两个空啤酒罐和一些报纸。

报案的人是这里的管家，他指着尸体对警察说："先生当时正在凉爽的树荫下一边喝着啤酒，一边看报纸，不巧被毒蜂蜇了。您瞧，他胸部还有被毒蜂蜇过的痕迹。"

管家所谓的毒蜂是非洲特有的一种蜜蜂。它的产蜜量要高出普通蜜蜂3倍，但它的毒性也很大，一旦被这种蜜蜂蜇了，再强壮的人也会死掉，所以它被称为杀人蜂。

"就算是被毒蜂蜇了，从他没来得及逃进屋里的状况来看，大概是之前喝了啤酒醉醺醺地昏睡过去了。并且，这附近有毒蜂窝吗？"当警察对周围这一带调查了一番之后，发现一家邻居的空院子里有一棵大洋槐树，树上有个很大的毒蜂窝，挂在树叶遮掩的树枝上。

当时已经是夕阳西下的时候，毒蜂都钻进了蜂窝里。警察轻手轻脚地走到跟前一看，发现在另一个树枝上挂着一架微型录音机。

"谁会把录音机丢在这种地方？"警察取下录音机，把磁带倒回后，播放了一遍。这是盘音乐带，警察听了一会儿，突然想到了什么，马上断定说："死者不是在院子午睡时偶然被毒蜂蜇死的，这是巧妙地利用毒蜂作案的杀人案。"

说完，他把录音机放回原处，并带着几名警员隐藏在院子里的树丛中耐心监视着。夜里11点多，闪出一个身影接近洋槐树，要取下录音机。

"喂，不许动！你因涉嫌杀人被逮捕了。"警察迅速跳出来追上欲逃跑的犯罪嫌疑人并将其抓获。原来这个犯罪嫌疑人是被害人的手下，因贪污贷款行为即将败露而作案杀人。

为什么这位警官只听了一会儿音乐，就能识破犯罪嫌疑人的诡计呢？

6 真假录音带

208

乔治是华盛顿会计事务所的一名会计师，他主要负责审计和监督一些上市企业的财务运行情况，以便让股东了解到真实的信息，防止企业弄虚作假。

年末的一天，乔治收到一家公司的年度财务报表。单从报表上来看，这的确是一家利润丰厚的上市企业，但专业素养深厚的乔治很快从材料中的模糊信息中得出：这是一份伪造的财务报表。

他正要拿起电话询问该公司的财务总监，那边正好打来了电话。原来对方有求于他，两人便约好在事务所对面的咖啡馆见面。夜晚8点，两人准时相见。乔治先生处事直截了当，他开门见山地说："大卫先生，我对你们公司的利润感到怀疑，以你们现有的规模，似乎不可能产生报表上的数据。"

大卫微笑着点了点头，然后递来一个厚厚的信封，说道："这是公司的一点点心意，希望你能给我们一个机会，如果再支撑一年，我们就能对得上这些数据了。"

作为一名会计师，乔治有自己处事的底线，他坚决地回绝了大卫的贿赂。大卫见乔治一脸严肃，只好识趣地转移话题，和乔治高兴地聊起两人的共同爱好——钓鱼。其间，咖啡馆的侍应生曾过来为他们添了几道点心。两人聊了一个小时才离开。两个小时后，有人在咖啡馆的洗手间里发现了乔治的尸体，他被尖刀刺中心脏，双目圆睁而死。

警察迅速赶来，并在乔治的口袋里找到一个微型的录音机，按下播放按钮，录音机开始播放："如果我出事，大卫是最大嫌疑人……我拒绝了他的贿赂……天哪，他来了，啊！"

警察根据录音带逮捕了大卫，但大卫坚持说他是清白的，录音机是有人故意嫁祸于他的。因为没有其他破案证据，案件的侦破陷入僵局。

聪明的读者，你认为大卫是凶手吗？

7 凶手如何巧留鞋印

208

亚德里希、艾伦和安德鲁是一家钢材公司的门卫。一天，艾伦兴高采烈地告诉另外两个人，他买彩票中了头奖，奖金高达 50 万美元。这个消息引起了安德鲁的贪念，为了得到这笔财富，他费尽心思。一天，趁亚德里希值班时，安德鲁偷偷地潜入艾伦家里，将其杀死，然后窃走了 50 万美元。

第二天早上，艾伦的尸体就被发现了，现场留有许多鞋印。根据现场证据显示，警方逮捕了亚德里希。由于亚德里希的脚有点跛，因此鞋底磨损的状况也有些特别，留在地上的鞋印也就有所不同，而亚德里希留下的这种鞋印与案发现场留下的鞋印完全吻合。而且，亚德里希的鞋底也沾有现场的泥土。于是，警方很快逮捕了他，并控告他谋杀艾伦。

“这双鞋子是我 3 个月前买的，我每天都穿着它上班。案发当天，我独自一人在公司里值班睡懒觉，未离开半步，所以没有谁能为我证明。”亚德里希无奈地说。

“难道你这双鞋子也在值班室，没有动过？”警察问道。

“是的，我每晚都将它放在值班室里，所以没有人能将其偷走。”亚德里希说道。

请问安德鲁究竟是用什么办法，在现场留下了与亚德里希相同的鞋印的呢？

8 金发告知的秘密

208

独居某公寓的女白领凯特女士昨晚死于家中。收到消息后，FBI 的瓦尔德探长立刻带领手下赶赴现场。经法医鉴定，凯特的死亡时间大概在昨晚 10 点到 11 点。

“左手里攥的是什么啊？”探长让法医将被害人左手掰开，发现手里有几根金发。探长推断，这很可能是凯特在死之前拽下的凶手的头发。于是，他吩咐助手将证据带了回去。经过检验发现，那几根头发上带有油性物质，并且发梢呈圆形，显然，这是几根自然掉落的头发。

经过排查，瓦尔德把目标锁定在凯特的男友、金发小伙罗恩身上。经DNA 验证，凯特手里面的发丝和罗恩的头发相同。

警长问罗恩：“昨晚 10 点到 11 点你在做什么？”

罗恩回答：“我很累，所以很早就睡着了。”

“有人能为你证明吗？”警长继续问。

“没有，因为我是一个人居住。但是我绝对没有杀凯特。一定是你们搞错了。”罗恩对警长说道。

警长看着刚理完发不久的罗恩，犹豫了一会儿后问：“你是什么时候剪的头发？”

“昨天上午剪的头发，理发师可以为我作证。”罗恩用很诚恳的语气回答。

最后警长决定不逮捕罗恩，因为他不是凶手。你知道这是为什么吗？

9 空的保险柜

208

富翁西蒙斯不堪年迈久病的折磨，4 天前服安眠药死去，生前他给刑事专家约瑟夫和侄儿索尼留下两封短信。

他的房间只有一把钥匙，在索尼手中。他留给索尼的信中，要求侄儿必须在他死后要等待 4 天，才能进入他的卧室，打开藏在他肖像后的保险柜，并说柜中放着 10 万美元，一半赠给母校，一半留给索尼。

现在，按照死者信上交代的，索尼邀请约瑟夫一起进入叔叔的房间。约瑟夫看到壁炉的正上方挂着肖像，炉台上放着一盆绿色植物，宽大的叶片个个倾向墙壁，触及肖像。索尼移开花盆，约瑟夫叫他打开保险柜。

当索尼对暗码时，约瑟夫朝窗子走去。窗子正对着肖像，明媚的阳光穿过窗子直射到肖像上。窗子在里边锁着。忽听索尼一声惊叫：“是空的！”

“是空的。”约瑟夫说，“你叔叔生前把钱寄给我了。他想考验考验你，看你是否等得了 4 天，你竟然没经受住这场考验。”

请问：约瑟夫看出了什么破绽？

10 夫妻双盗被捕事件

208

华盛顿旅馆接到警方通知，有一对乔装成夫妻的男女大盗最近出现在他们旅馆附近，很可能会去他们旅馆住宿。不过他们虽然是同伙，但是还有着各自的利益，因此内部的事情还很复杂。旅馆需要做的就是，如果发现有夫妻入住，需要谨慎调查。一旦发现可疑情况，需要立即报告。当然，如果谎报误报，也是要追究责任的。

于是，旅馆换上最机警的大堂经理，对入住的人们多加留意。很快，就来了一对夫妻。他们解释说度假途中遇到意外，证件遗失了，恳求旅馆可以让他们住一夜，他们会在第二天一早就离去，并双倍支付住宿费用。经理仔细地打量了这对夫妻：他们看似风尘仆仆的样子，脸上的汗水顺着皮肤流到脖子下面，整个人都脏兮兮的。丈夫拖着一个沉重的大旅行箱，妻子虽然空着手，却神色不定地四处张望。

正当他在审查这对夫妻的时候，又一对表现得很恩爱的夫妻到了。他们有齐全的证件，像其他客人一样难伺候地提出各种要求，且每个人手中都拖着一个看似不小，但是从拖动的声音来看，实际上没有装什么东西的旅行箱。

那么，这两对夫妻中是否有足够可疑的对象出现？可疑的程度是否值得冒险上报呢？

11 落花的启示

209

独居的安妮小姐被发现死在自家小区的地下停车场里。现场的情况是，死者身上的钱物被洗劫一空，前额有被剧烈撞击产生的伤口。

从表面上看，这是一起再平常不过的停车场抢劫杀人事件，因此，警方的侦办方向就直接指向了流窜作案的抢劫犯。但没有确定目标的案件，总像是大海捞针，很难侦办。警长潘文似乎已经预料到了本案的结局，因此，他在第二天带着心中的些许愧疚来到安妮小姐的住所，以侦查的名义，到这里向死者的英灵忏悔。他忧伤地走到窗前，目光停留在那盆不知道什么种类的植物上。他记得案发当天他就到过现场，当时植物的花，有些开得正艳，而有些已经只剩下花托。而这次他来到这里，又有几朵花凋谢，掉在了花盆内外。

这就好像人生。人生有早有迟，却终究不得不去面对死亡，潘文忧郁地想。不过，他突然想起案发当天花盆内外都很干净，似乎没有凋零的花叶掉落；但按照他这连续两天的到访来看，这株植物最近似乎每天都会凋落一些花叶。而案发后警方马上就封锁了这里，因此，只能认为有人清理了花叶。也就是说，安妮小姐死之前，并不是从外界回到寓所，而是刚要出门？或者，还有什么其他的解释呢？

12 聪明的男孩

209

本杰明是一名普通的中学三年级学生。不过，他认为自己是个小福尔摩斯。一天，在路上散步时，他注意到有两个人正在争论着什么，就跑过去看看是怎么回事。本杰明认出这两个人是他的同学杰里米和雅各布。杰里米正在指责雅各布杀死了他最心爱的宠物——蟑螂！雅各布则辩解说："今天早晨，杰里米让我帮他照看一下他的蟑螂，所以我一天都把它带在身边。大约半小时以前，我发现蟑螂好长时间没有动弹了。我拍了拍笼子，它毫无反应，于是我就打电话给杰里米。当时，蟑螂就像现在这个样子。可是，杰里米却说我杀了他的蟑螂。真是好心没好报！"

本杰明看了看背上还带有光泽的蟑螂尸体，想了一会儿，最终断定的确是雅各布杀死了蟑螂。他是怎么知道的？

13 藏珠宝的罐头

209

一个夏日的清晨，波兰卡尔拉特市警方得到了可靠的情报，一个化名米希洛的法国走私集团的成员，从华沙市及维尔瓦市弄到许多珠宝，装在一只柠檬罐头里面企图蒙混出境。

该罪犯所带的罐头外形、商标和重量完全一样。为了查获珠宝罐头，女警官尼茨霍娃奉命前去海关协助调查。临行时，局长再三强调，一定不能损坏出境者的物品，以免万一判断失误，造成不良国际影响。

尼茨霍娃警官驱车来到海关后，开始注意带罐头的外国人。果然不出所料，“目标”已经到了海关。在接受检查时，那个化名米希洛的人，出境时带着 12 只罐头，都是柠檬罐头。尼茨霍娃知道，靠摇晃罐头无济于事。于是她佯笑地问：“先生，你带的全是柠檬果汁吗？”

“当然是。”米希洛彬彬有礼地含笑回答，毫无异色。

尼茨霍娃警官淡淡一笑，使了一招，然后取出其中一只罐头厉声说道：“这只不是柠檬果汁！”打开一看，果然是珠宝。那个化名米希洛的走私犯呆若木鸡，而后低下了头。

你知道女警官尼茨霍娃采取什么妙法，查出了藏珠宝的柠檬罐头吗？

14 粗心的警察

209

一天清晨，某商店老板被杀后，一个粗心的警察在死者衣袋里发现了一块高级怀表，然而当时已经停止了运行。无疑，表针所指示的时间是一个非常重要的线索。可是，那警察竟胡乱地把怀表的指针拨弄了几圈。侦探长问他是否记得拨弄前时针所指示的钟点，那个警察报告说：“具体时间没有看清楚，但有一点我印象十分深刻，就是在我拨弄表之前，这块表的时针和分针正好重叠在一起，而秒针却停留在表面一个有斑点的地方。”于是，侦探长看了看怀表，发现表面有斑点的地方是 49 秒。他立刻拿出纸和笔计算了一下，很快就确定了案发的确切时间，从而缩小了破案范围。

请问：你知道那块怀表的指针之前究竟停在什么时刻吗？

15 侦探波洛

209

侦探波洛走进了豪华的“东方快车”的包厢，发现里面已经坐着三个人。一个是英俊的小伙子查尔斯，他背着一支猎枪，说是要去阿尔卑斯山打猎。另外两个都是美丽的姑娘，她们的名字分别是伊丽莎白和罗丝。波洛很快就看出来，两个姑娘都十分喜欢这位年轻人，而他却似乎拿不定主意去追求哪个女孩。

这天夜里，一件不幸的事情突然发生了。当时，车厢里的人都昏昏欲睡。突然，一声枪响，罗丝倒在了车厢的地板上，一颗子弹击中了她。

大家都被惊醒了。波洛反应最快，在别人都还没有来得及弄明白出了什么事之前，他已经一把将罗丝抱了起来，送进了列车的急救室。过了一会儿，他走了出来，对伊丽莎白和查尔斯说："她没什么大事，只是脚上受了点伤，医生已经给她包扎好了。对了，你们刚才听到什么动静没有？"

伊丽莎白和查尔斯异口同声地说："没有，我睡着了。"

"还有，她穿的鞋被打坏了，得给她送只鞋去。"

伊丽莎白赶紧回到车厢，找出了一只右脚的鞋，向急救室走去。

波洛喊住了她："别去了，还是先告诉我你为什么要故意打伤她吧！"

波洛为什么这样说呢？

16 大力士之死 209

剧场里正在演出一场杂技节目。下个节目就是大力士铁汉的了，舞台监督让人去找铁汉作准备。正在这时，只见演员程华慌慌张张地跑了上来。

"不好了，铁汉死了！"

"在什么地方？"舞台监督和坐在身边的团长都猛地站了起来。

"在装道具的小仓库里。"

团长对舞台监督说："你先安排下一个节目开场，我去后面看看。"程华领着团长等人朝小仓库跑去。小仓库里，铁汉直挺挺地躺在地上，两只手紧紧地掐着自己的喉咙，脸上布满了痛苦的神色。

团长吩咐大家不要随便进入现场，并命人立即向警察局报案。几分钟后，黄警长和几个警察赶到了现场。经过仔细勘查，发现现场除了铁汉的脚印之外，还有两个人的脚印。然后，他来到团长跟前问道："是谁先发现被害人的？"

"是程华。"

"请他来一趟。"

团长很快让人把程华叫来了。

“是你发现铁汉被害的吗？”

“是我发现的。”

“你把刚才见到的情况再详细地对我说说可以吗？”

“可以。”程华抹了把额头上的汗水，说道：“刚才，台上有个布景架子活动了，我想到小仓库里拿根绳子把它捆绑一下。可是，我刚走到小仓库的门口，就听见里面有动静。我从门缝往里一看，吓得几乎叫出声来。我看见铁汉正在使劲掐着自己的脖子！我便进去使劲掰他的手，可是他力气太大了，我怎么也掰不开，便跑出来喊人。谁知当我把人找来时，他已经死了。”

听完程华的情况介绍，黄警长厉声喝问：“程华，我看你还是把真实情况说出来吧！你的同伙是谁？”

黄警长是怎样识破程华的谎言的呢？

17 政府办公室被盗

210

某日晚，H 市政府办公室被盗，探长接到报案后赶往现场，经过紧张的勘查和现场询问，他们把嫌疑人锁定为居住在附近的一位农夫。

探长询问农夫：“昨天晚上发生了什么事情，你知道吗？”

农夫答道：“啊，知道，政府办公室被盗了。可我一直在家没有出去，不能为你们提供更多的线索。”

探长又问：“昨晚你在家做什么？”

农夫回答：“家里养的十几只鸭子在孵蛋，我准备接小鸭子出生。”

你认为这位农夫的话是真的吗？

18 妹夫之死

210

一天，辛格被人发现死在自己的家中。警察经过勘查，断定属于谋杀案，于是迈克警官打电话通知辛格的家人。打到辛格夫人的哥哥约翰家时，约翰接到了电话。迈克警官对约翰说："约翰，我很遗憾地告诉你，你的妹夫被人谋杀了。"

"什么？"约翰说，"辛格死了？上帝，辛格一定是得罪了什么人。迈克警官，辛格的脾气相当不好，两个月前他与我的大妹夫因为打牌输了500美元而发生争吵，上个月又因为金钱问题与我的二妹夫差点动起手来。还有……"

"好的，约翰，你提供的信息很有价值，我待会儿将去你家问你一些更详细的情况。"迈克警官打断了约翰的话。可事后，迈克警官却逮捕了约翰，并断定约翰就是凶手。

请问各位侦探迷，迈克警官为什么断定约翰就是凶手呢？

19 数字密码

210

一天黎明，市公安局里接到了这样一个报案电话，报案人声称信用社的50万元人民币被盗了。警局的工作人员一听这个消息，都觉得事态很严重，于是公安局局长当即点了几位精明强干的同志，组成了侦破小组，要求尽快侦破此案，找到那50万元人民币的去向。同时，局长还向本市的交通、运输、邮电等部门发出了紧急通报，向他们寻求帮助，有线索立即通知警察。

警察们寻找了一天多，都没有任何消息，直到第二天晚上的10点多钟，开发区邮电所的张所长急急忙忙拿着几封电报跑进了公安局的大门。他上气不接下气地对正在值班的侦查科长大明说："大明，刚才有个男的，一下子发了10封电报，内容都是一样的，都只有'1257'这四个数字，我觉得这件事有点儿怪，您看会不会跟那个案子有关？"

大明接过张所长手里的那10封电报一看，的确内容都是一样的，是分别发往附近几个区县的，发报人的姓名和地址都是同一个。大明立即召集所有值班的侦查员开会研究，大家通过分析电报的内容，终于得出了结论，发报人就是犯罪嫌疑人。

那么，大家猜猜看，警察到底是如何根据电报的内容判断出发报人就是犯罪嫌疑人的呢？

20 头发泄密

210

一天晚上，单身的艾尔利德在自己家中被人杀害，邦德警长接到保姆报案后很快来到了艾尔利德的私人别墅。邦德吩咐属下仔细检查现场，看有没有留下线索。

然后邦德叫来一直发抖的保姆说："艾尔利德被杀时你在干什么？有没有发现可疑人进来？还有你是怎么发现艾尔利德死在房间里的？"

邦德一口气问了 3 个问题。保姆拢了拢散落下来的长发说："当时我正在保姆浴间里洗淋浴，因为干了一天活身上很脏。水声很大我没有听见任何声音，更没有发现可疑的人。"

邦德看保姆没有回答自己的第三个问题，就又补充一遍："你是怎么发现艾尔利德死在房间的？"

保姆说："因为艾尔利德每天睡觉之前都会喝一杯牛奶，我洗完澡后就敲门给先生送牛奶，但房间里没有人说话，我很好奇就推开房门，然后就看见他死在了房间里，然后我就马上报案了。"

"你洗完澡就给艾尔利德送牛奶来了吗？"邦德接着问道。

保姆说："是的，我洗完澡就直接给艾尔利德送牛奶了。"

从接到报警到艾尔利德家里只用了 10 分钟，邦德再看看保姆的长发，一下就明白了，于是立即逮捕了保姆。

邦德为什么逮捕保姆？

21 神偷马丁

210

在一次拍卖会上，赫赫有名的神偷马丁看上了一把匕首。马丁在当小偷之前是一个化妆师，他的化妆效果甚至被同事称为"易容术"。

马丁看上的匕首年代大约在公元前 3 世纪，属于皇宫贵族的佩戴品。拍卖会上，一共拍卖出 4 件物品，这把匕首以 3000 万美元的价格完成了交易。

首先，匕首由保卫人员送到保险车的位置，然后再由拍卖会长一个人在车厢内检查，检查无误方会封锁车门送往买方家里。

马丁对整个送宝过程做了一个总结，看有什么地方是拍卖行容易忽视的、有机会下手的。如果沿途实行武力抢劫，危险太大，很有可能得不偿失；如果在买方家里动手，成功率更小，因为能买得起如此昂贵的匕首之人，家中保护设施一定很严密，并且也不知道他会藏在哪里。

那么，哪个环节动手才是既安全又能显示出自己无比聪明的头脑呢？

22 沙漠救星

210

有钱人布朗和朋友来到非洲之后，决定开车去沙漠比赛。他们比了几个来回，布朗总是第一。大家觉得没意思就闲聊起来，其中一位说：“我听说在沙漠里只要发出求救信号，很快就会有人来救你，他们被称为沙漠救星。”

布朗听完觉得很有趣，就起了一个歪点子。布朗把自己的车子埋进沙里。然后发出求救信号，果然，不一会儿有一辆救护车赶到这里。布朗对一名救助人员说：“我把车停在这里之后就去附近找朋友，等我找到朋友回来，发现车子被埋在浮沙里了。”

救助人员面无表情地说：“这位先生，您真的不应该拿这种事情开玩笑，很有可能因为你的玩笑，我们没能第一时间救出真正需要帮助的人。”

你知道救助人员是怎么知道布朗是在开玩笑的吗？

23 吸尘器的秘密

210

一天，一位少女急匆匆闯进邦德警长的办公室，对邦德说：“昨天晚上我姐姐煤气中毒死了，但我不认为是意外死亡或者自杀，因为我很了解姐姐，姐姐做事很认真严谨，也对生活充满了希望。所以请你帮我查一下这件案子。”

邦德跟随这位少女来到案发现场，发现是一幢旧楼，门和门框有很宽的一道缝隙。据少女回忆，当时死者所处的房间，屋里窗户紧关，门缝也被封条贴上了。邦德问少女：“你姐姐有什么仇人吗？”

少女想了想说："姐姐的男友背叛了她，要和一个有钱的女人结婚。而我姐姐却不愿意和他分手。他一定是怕姐姐给他带来麻烦所以杀人灭口。"

"这个男人住在哪里，叫什么？"邦德问道。

"他叫马克，也住在这幢楼，不过他很少回来住了。"少女回答道。

邦德没有立即去找马克，而是先来到公寓管理员的住所询问情况。管理员回忆说："案发那天夜里，我看见马克拿了一个黑色吸尘器从楼上下来，当时和他打招呼他也没有理我。"

邦德紧皱眉头，然后立即回警局带搜查令去马克家。果然在马克的家里发现了那个吸尘器。邦德对少女说："杀死你姐姐的凶手找到了。"

你知道吸尘器和凶手有什么关系吗?

24 "霜"留下来的痕迹

210

一天，私人侦探哈利来到一个小岛上度假。今年由于受到异常寒流的袭击，气温骤然下降，早晚异常寒冷，甚至到了零度以下。

一个寒冷的午后，女士赫敏打来电话，称外出旅行写生两天回家后，发现家中被盗。赫敏说家里没丢什么贵重的东西，也说自己的服饰品和宝石全是仿制品，照相机也是便宜货，可是，让赫敏担心的是，她单身一人居住，有人来偷东西让她很不安。

赫敏的别墅坐落在环湖半周的杂木林中。哈利到达时，她正焦急地等在门口，并立即带着哈利到东侧的院子里，去查看犯罪嫌疑人留下的脚印。当时已是太阳偏西了，院子被别墅的阴影遮住，地面非常潮湿，因此犯罪嫌疑人的脚印清晰可见。这是一个鞋底为锯齿花纹的高腰胶鞋的脚印。犯罪嫌疑人就是由此进来，打碎厨房的玻璃门溜进室内的。哈利看过之后，用画室里的电话向警方报了案，然后便回旅馆去了。当天晚上，警察署长给旅馆打来电话，告诉哈利已找到了两名嫌疑犯。一个叫大卫，昨天夜里11点钟，巡逻警察曾见他在现场附近徘徊。另一个叫汤姆，今天上午11点30分前后，同样是在现场附近，别墅的管理员发现此人形迹可疑。

"这两个人被人看见时，都穿着高腰胶鞋吗？"哈利问署长。

“不，具体的细节我还没有核实，但搜查过他们的住宅，并没有发现胶鞋。有可能是怕被当作证据而处理掉了。虽然尚未发现被盗的物品，但两人都是专门在别墅溜门撬锁的惯盗，所以只要扣他们一个晚上审查一番，是犯罪嫌疑人的那一个就会受不了招供的。”

“大卫从今晨天不亮到中午过后这段时间有不在现场的证明吗？”

“大卫从深夜 1 点到中午过后这段时间确实有不在现场的证明。他在朋友家里打了一通宵的桥牌，早晨 8 点左右同朋友一起上的班。但是，在这以前有人看见他在现场附近出现过，所以他的不在场证明存在疑点。”

“可这两个人之中，哪个是真正的犯罪嫌疑人，仅凭这些证据就足够了。昨天夜里是晴天，天气不是很冷吗，那么犯罪嫌疑人是……”哈利果断说出了犯罪嫌疑人的名字，使电话另一端的署长大吃一惊。

哈利指出的犯罪嫌疑人是谁？为什么？

25 聪明的马特

210

马特有个爱女叫玛丽娅，在离马特住处不远的圣玛塔依修道院当修女。马特常去看望女儿。

有一天，玛丽娅给马特写了一封信。信中写道：“昨天早晨，修女索菲娅躺在高高的钟楼凉台上死去了。她的右眼被一根很细的约 5 厘米长的毒针刺破。这根带血的毒针就落在尸体旁边。有人说，她是自己把毒针拔出后死去的。钟楼下面的大门是上了栓的。这大概是索菲娅怕大风把门吹开，在自己进去之后关上的。因此，凶犯绝不可能潜入钟楼。凉台是在钟楼的第四层，朝南方向，离地面约有 15 米。下面是条河，离对岸 40 米。昨晚的风很大，凶犯想从对岸把那毒针射来，要正好射中索菲娅的眼睛，是根本不可能的。院长认为索菲娅的死是自杀。可是，极端虔诚的索菲娅，能违背教规用这样奇特的方法自杀吗？”

马特看完信，就去修道院看望女儿。“就是那钟楼。看见凉台了吗？”在修道院的后院，玛丽娅指着钟楼上的凉台说。

钟楼的台阶毕竟太陡，他上不去，就在下面对凉台的高度和到对岸的距离进行了目测，并断定凶犯不可能从河那边把毒针射过来。

“听人说，她对您的地动说很感兴趣，还偷偷地读了您那本已成为禁书的《天文学对话》。院长要是发现，很可能把她赶出院门。可是她非常好学，又很勇敢。那天晚上，肯定是上钟楼眺望星星和月亮去了。”

“有没有他杀的可能？也就是说有人对她恨之入骨，非置她于死地的可能？”

“索菲娅家里很有钱。她有个同父异母的兄弟。今年春天，她父亲去世了。索菲娅准备把她应分得的遗产，全部捐献给修道院。可是，那个异母兄弟反对她这样做，还威胁说，要是索菲娅敢这样做，就提出诉讼，剥夺她的继承权。事情发生的前一天，她弟弟送来一个小包裹，可能是很重要或者很贵重的东西。今天，在整理她房间的时候，那个小包裹却不见了。会不会是凶犯为了偷这个小包裹，而把她杀死了？”

马特朝着钟楼下流过的河水，喃喃自语道：“如果把那条河的河底彻底疏浚一下，或许能在那里找到一架望远镜。”

第二天，玛丽娅急匆匆地回到自己家中，对马特说道：“父亲，找到了。是这个吧？”说着，她取出一架约有 40 厘米长的望远镜。这是看门人潜入河底找到的，准是索菲娅的弟弟送来的，因为以前我从未见到她有过望远镜。可是，这和杀人有什么关系呢？

马特马上告诉了女儿他自己的推理。后来，事实证明，这位伟大的科学家完全正确。

你能猜出马特是怎么推理的吗？

Clue 9

出其不意，险中求胜

1 警察眼底藏金块

211

女盗玛丽计划窃取金店地下金库的 100 公斤金块，藏在轿车内，然后连车一起运往国外。FBI 侦探罗纳尔德得知了这个情报，立刻通知了警方。

刑警收到消息后，立刻调配警力赶往海港，准备在玛丽的车上船前对其加以扣押，挽回损失。

警方扣下玛丽之后，玛丽很生气，一直在大声嚷嚷："你们干什么呀！我这部车里又没装什么，为什么不放行！我抗议！"

"不要狡辩了，我们收到情报，车里藏着你从金店偷出来的金块。"埃里克警官说完便授意警员们检查玛丽的轿车。他非常自信，因为罗纳尔德传过来的消息，绝对错不了！

但出人意料的是，无论刑警怎么搜，将车里翻了个遍，也没见到任何金块。甚至连轮胎和座椅全部都卸下来仔细检查了，仍然一无所获。警员们非常沮丧。

"看吧，警官！连不确实的情报也通知警方，害各位白忙一场。哈哈哈……"

正当玛丽发出嘲笑声时，侦探罗纳尔德赶来了。他看了车子一眼之后说道："你们在搜哪里啊？黄金不正在你们眼前吗？"

"没有呀！我们已彻彻底底搜查过了。"警员们纷纷叫屈。

罗纳尔德侦探微微一笑，告诉警方，黄金确实就在眼前。

"玛丽小姐！真可怜，你涉嫌走私，这些黄金全部没收。我看你得受到惩罚了。不过，由于还不确定这些金块是不是从金店偷出来的，所以还不能马上定你犯盗窃罪。"

"真可恶！只差一步就成功了……"玛丽十分懊恼。

请问，女盗玛丽到底将 100 公斤的金块藏在了车子的什么地方？侦探又是怎样发现的呢？

2 愿望落空的罪犯

211

朗德是一名臭名昭著的罪犯，他以诈骗起家。多年以来，他干尽了坏事，警方一直在追捕他。

这一次，他因诈骗罪被起诉，受到了警方的追捕。但他不想离开这个州，因为他对这里太熟悉了，如果到一个新的地方他又要重新开始。从头和当地黑帮建立关系，这对他来说是十分麻烦的事情。

他绞尽脑汁，终于想出了一个自认为不错的主意——整容。他想，改头换面后，就能轻而易举地在本地隐藏下来，继续他的犯罪生涯了。于是他来到本城最有名的利兹整容诊所，要求主治医生利兹给他整容。对于整成什么样子，倒是无所谓，总之要和现在完全不同就好。

利兹医生满口答应，收了他大笔治疗费用。三个月后，朗德发现自己原来的容貌一去不复返了，而且他根本找不出自己脸上有整容的痕迹。于是，他高兴地又给了利兹医生一笔钱，然后大摇大摆地在警车前经过。

令他想不到的是，他还是被抓了。这是为什么呢？

3 难以预料的钞票行踪 211

一天中午，惯偷布莱克蒙面换装后，持枪进入了城中的一家小邮局。此刻正好是午餐时间。布莱克将正在吃便当的三位职员押入卫生间，接着打开金库，取走了钞票。

几分钟之后，他卸下蒙面，换掉服装若无其事地准备离开。但不巧的是，刚出门他就碰到了艾伦警官和 FBI 刑事专家伯顿。

“布莱克，是你！你来邮局做什么坏事了？看你行动鬼鬼祟祟的，我要逮捕你。”

警官二话不说，在布莱克的手上扣上手铐。进入邮局一看，职员都被关在卫生间里，金库中一捆一捆的现金被搜刮一空。他大惊失色。

布莱克当场被仔细搜身，却没发现他身上有任何一捆现金。从卫生间中被释放的邮局职员找遍了邮局内、外的邮筒，但都没找到钞票的行踪。最后只捡到了犯人的面具、衣服及仿真玩具手枪。

“这些是什么？”伯顿警探看见几个小包裹，便询问邮局职员。这些包裹上都贴了邮票，盖了邮戳。

“这些是上午收取的包裹。”

“会不会有新的包裹掺在里面？”

“没有，一个也没有。这些包裹的数量，和强盗进入之前完全一样。”工作人员一一清点后回答。

“你看吧，警官！我根本没有犯案嘛！这么疑东疑西的，你也太草率了吧！这可是侵犯人权哟，快把手铐解开。”布莱克大声抗议。

“那么，你到底来做什么？”

“我是来寄信的，却发现一个职员也没有。我以为他们都出去吃午餐了，不料正好遇到了警官。你来看，这就是我准备寄的信。”布莱克拿出一封信给警官看。

由于没搜到现金，当然不能逮捕他。没办法，警官只好将布莱克释放。这家伙边吹着口哨边走回家。三天后，他取回了偷窃的全部现金。

那么，在邮局被捕的时候，布莱克将现金藏在哪里了呢？你能辨别出布莱克是否在说谎吗？

4 害人的时间观念

211

罗宾是一位金融家，他的时间观念很强，因为一秒钟时间里，对于他来讲都将会带来巨大收入或损失。因此，他的身上总带着一只手表和一只怀表，他常常对时间，这也成了他本人的一大特征。

那天，有人在罗宾家和他谈话，家里只有他和他的侄子两人。夜深了，在客人即将告辞时，他把侄子叫上二楼。据他侄子说，是伯父忘了打开窗子，让他把窗子上下各打开 1 英寸。

随后，客人和他的侄子一起离开了一会儿。因为罗宾的侄子向客人借了一把猎枪，二人便前去客人家取猎枪。

两人兴致勃勃地一同回到罗宾家时，见门锁着，进不去。暴躁的侄子便用手中的枪朝空中打了一枪，大叫道：“罗宾伯父，你就在楼梯上摔死算了！”

于是，当晚二人回到客人家暂住。

令人难以置信的是，第二天，罗宾果然摔死在楼梯上。楼梯上的地板有不平的痕迹，显然是因此而掉下来摔死的。尸体的右手拿着怀表，那表快了

1 小时；手表摔坏了，指着 12 点，正是他侄子叫喊他的时候。难道诅咒成为现实了吗？还是有其他原因？请问，你知道罗宾到底是怎么摔死的吗？

5 被偷的世界名画

211

罗纳德是一名业余画家，热衷于收藏世界名画。前不久，他收集到荷兰著名画家的一幅肖像画，便邀请他的画家朋友马修来一同欣赏。马修对此画爱不释手，笑着对罗纳德说道：“这么名贵的画放在家里不怕被人偷去吗？”“不会，我已经买了保险。”罗纳德说。

几天后的一个晚上，FBI 探长戈迪从罗纳德家门前经过。突然，他发现一辆小车悄悄地开到了罗纳德家的侧门，一个穿戴整齐的人匆匆从屋里走出来，向停在门边的小车走去，塞给司机一个长筒形的东西，接着小车便迅速开走了。这一过程不到一分钟，看来是早有安排的。

“不好。”戈迪探长暗叫一声，快步来到门口，刚敲了一下门，管家便打开了门。戈迪上楼后看到罗纳德站在散乱的床边，右脚插在裤腿里，左脚还在外面。

“我听见外面有响声，正要穿上衣服出去看看。”罗纳德有点惊慌，问道，“发生了什么事？”

“你家可能失窃了。”

罗纳德大吃一惊，马上穿好裤子，光着脚跟戈迪冲下楼。“啊，真的失窃了，那幅名画被偷走了。”罗纳德万分沮丧，“我要把它找回来。”

戈迪望着这位朋友，说道：“别装了，画是你自己拿出去的。”

请问，戈迪探长说这话的依据是什么呢？

6 警探为何要放走大盗

211

珠宝商克里斯汀先生十分喜欢养鱼，他在自家书房饲养着各种金鱼。有一天，当克里斯汀先生带全家人外出旅行时，大盗狄克潜入了他的家中，从金库盗取了一颗 50 克拉的大红宝石。正当他要踏出屋子时，却发现 FBI

警探邓普斯持枪站在门口。

“嘿，老朋友！把手举起来！否则我要开枪了。”

“哦！邓普斯警探，原来你也持枪抢劫啊！”

“别胡说！我是跟踪你过来的。我看你鬼鬼祟祟地潜入这里，就知道你又想做不干净的事了！真是老天有眼，世纪大盗狄克这次栽了大跟头啦！现在，快把你偷的东西拿出来！”

面对手枪，就算是身手矫健的狄克，这时也无可奈何了。

他乖乖地从口袋中取出红宝石，假装要交给警探，却忽然“扑通”一声，投入旁边的大水槽里。

这个水槽内有几条带黄色斑点的身长十五六厘米的热带鱼游来游去。

“狄克！你干什么？快捡起来！”

“想要就自己捡啊！”狄克挑衅道。

“好！你待在那儿别动。只要你敢动一步，我就开枪。”

邓普斯警官毫不犹豫地将枪口对准狄克，左手放入水槽。即使衣袖湿了，也在所不惜，他拼命想拾起那颗红宝石。

但在接下来的一瞬间……

“大警探，我先走了！祝你好运，再见！”

狄克穿过警探身旁，从容地逃走了。

请问，为什么邓普斯警探没有开枪呢？

7 不怀好意的礼物 211

理查德和戴维是同一公司的两名销售主管，两人在职期间表现优异，公司董事长有意提拔其中一位做公司的销售总监。理查德处事圆滑，通过在老总面前大献殷勤，如愿以偿地坐到了销售总监的宝座上。

事后，理查德为了笼络戴维，决定在家里办一次派对，并盛情邀请了戴维。出于礼貌，戴维带来了礼物——一只活蹦乱跳的兔子，寓意是祝贺理查德“像兔子一样”迅速获得荣升，其中的讽喻只有理查德自己知道吧。

晚会的最后是烧烤活动，理查德突然想到了那只兔子，他想和众人一同分享，而戴维却制止了他，说自己看不得这么血腥的场面，并说，这只兔子是自己养了好长时间都没舍得吃的，请理查德一定要留着自己享用。众人觉得戴维的要求并不过分，也就都没什么意见，理查德就将兔子保留了下来。

第二天，理查德迫不及待地将兔子宰掉，然后精心烹饪，一个人享用了这难得的美味。然而，刚刚吃完这顿美餐，理查德就七窍流血，不治身亡了。

法医鉴定，理查德的死因属于阿托品中毒，警方认定理查德的死和兔肉有关。但一个活蹦乱跳的兔子经由理查德的手变成了他自己的食物，即使有毒，也是他自己下的毒吧，这是怎么回事呢？

8 怪异的圣诞老人 212

小雪纷飞的圣诞夜，纽约第五大道挤满了外出购买圣诞礼物的人们。霓虹灯闪烁的街道，挂满了圣诞节饰品。穿红衣的圣诞老人举着招牌，令人不禁想多看一眼。

然而就在此时，灯火通明的大街，突然传来了警报铃声，声音来自不远处的暗巷里。正好通过暗巷的路人跑去一看，一位男子倒在一栋旧大楼的仓库前，腹部中刀倒地。这么寒冷的夜晚，这名男子为什么穿着如此单薄呢？难道他是在慢跑锻炼？来不及细想，打开仓库门之后，他又发现了另一位男子也倒在了地上。这位躺在仓库内的死者是身穿制服的仓库警卫，同样是腹部被刺。他就倒卧在警铃墙壁旁边，推测是断气之前，努力爬至警铃处，按下警铃求救的。

现场灭火器已经损坏，白色灭火剂飞散四处。似乎是警卫遭到歹徒袭击时，开启过灭火器用以抵抗歹徒，还喷出了灭火剂。

赶到现场的 FBI 刑警们立即在附近拉起紧急警戒线，筛查可疑人物。

这时候，一位刑警发现混在人群中的一位圣诞老人，好像醉酒似的蹒跚而行。

“喂！那位圣诞老人，请等一等！”

刑警叫住他，并立即上前取下他的红帽子、白胡须。

“你就是犯人！头发上的白色灭火剂就是证据。”说罢，周围的警员们立即将他用手铐铐住，带回了警察局。

请问，为什么刑警只看见蹒跚而行的圣诞老公公的背影，就知道他是犯人呢？

9 救命的闹钟

212

辛格是名优秀的 FBI 刑事专家，曾经多次出色完成任务，被敌方的情报部门视为眼中钉、肉中刺。风光的背后难免暗藏凶险，这几年中，他曾经遭到多次暗杀。但他凭着机智和勇敢，一次次地躲过了这些危险。这次，敌国情报部门得知辛格在海边度假，就派出本国最出色的杀手列托夫谋杀他。

列托夫没费多少力气就找到了辛格。跟踪辛格的第三天，列托夫搬到了辛格住的酒店，在辛格房间的对面住了下来，他决定晚上动手。列托夫在自己的手枪上装好消声器，在傍晚的时候，他用万能钥匙打开辛格的房门，溜进了房间。他看了看表，距离辛格回来还有大约一个小时的时间，便打开床头灯，搜索房间里的物品。搜索了一会儿，没有发现什么有价值的东西，列托夫把灯关了，静静地等辛格回来。

15 分钟后，外面传来了辛格开门的声音。听他走路的声音有点立足不稳，像是喝醉了似的。走进走廊的时候，辛格好像稍微迟疑了一下，接着，列托夫看到一个黑影扑进卧室，他立刻开枪，准确地击中了那个黑影。

正当列托夫以为大功告成的时候，忽然，他又听到一声枪响，然后一阵剧痛让他倒在地上。辛格打开灯走了过来，微笑着说：“对不起，刚才进来的是我的衣服——我一进门就知道有人来过。”

列托夫痛苦地低下头，他大声问道：“为什么……为什么你知道有人来过？”辛格拿起床头的闹钟晃了晃说道：“你很不走运，如果不开灯的话，现在倒下的人就是我了。”你知道辛格是怎么知道有人来过的吗？

10 虚幻的对向来车

212

一天夜里，查尔斯驾车在沿海的山道上兜风。每当他遇见不顺心的事情，便会驾车来到山上观看夜景，以此来消解自己的郁闷心情。

这座山在给他带来平静的同时也带来了一个小小的麻烦。因为山道只能容下两辆车并排行驶，所以他在开车的时候必须时刻小心。

当他将车刚刚开过一个拐弯处时，突然对面出现了非常刺眼的车灯灯光。查尔斯意识到灯光离自己非常近，为了避免发生意外，查尔斯急忙向左边打方向盘，可让查尔斯没有想到的是对方同时向右边打方向盘。这时，对面的车离查尔斯的车不到 10 米距离，眼看就要相撞，查尔斯下意识地急踩刹车，车体由于惯性向前行驶了 2 米以后终于停了下来。令人庆幸的是没有出现交通事故，只是虚惊一场。

后来经警方调查才知道，这场闹剧是他生意上的对头为了报复他才实施的。

那么，你知道查尔斯的对头采用了什么手段吗？

11 消失不见的金条

212

入夜，大盗基德潜入某珠宝大厦，偷出 1 公斤的金条共 30 条。就在他搬运金条上车之际，被大厦值班人员发现了。值班人员连忙报了警，警方连同 FBI 立即派出两部警车追击基德。

大盗基德加速沿海岸线逃逸，但警方一直在后方紧追。就在急转弯处，不知道基德的方向盘是不是打得太急了，车子穿过护栏，弹跳起来，骤然掉进了海中。

“啊！掉下去了！”开车的麦克警员慌张地在护栏断裂处停车，从上往下探视。黑夜的海面上，不断有泡泡冒出，那是沉入海底的车所带出来的空气。

“那个大盗也许会从车里逃出来。你们仔细看，如果他浮出水面，就开枪。”警长命令道。

但等了好长一段时间，大盗基德的身影始终没出现在水面上。

“这小子大概完蛋了。”警员们如此判断。

这时候，FBI 刑事专家又命令：“不管盗贼怎么样，都得将金块捞起来。立刻拿氧气筒来。”

半小时后，会潜水的警员潜入海中，找到了基德的车子。且不要说基德本人沉在水底的尸体不见了，就连金条也不见了。

“怎么会这样？就算盗贼的尸体随着河水漂走，那么多金条应该不会漂走啊！也许掉到车子外啦！再仔细找一次。”警长既然下了命令，警员只好再度潜入海中寻找。但结果和上次一样，一根金条也没找到。

亲爱的读者，你知道这是为什么吗？

12 卫生间里的线索 212

有一天早上，美丽的女歌手伊芙丽被发现倒在了自己家中。

发现者是她的经纪人，他看见大门没锁，正一边进屋，一边想伊芙丽怎么这么大意时，却寻不着她。只有卫生间的门从内反锁着，无法打开。门下细缝有血流出，已经干涸。经纪人吓了一大跳。

于是，他立即报了警，并呼叫大楼管理员，合力将门打开。只见伊芙丽身穿睡衣，坐在马桶上，她的背部被凶器所伤，已经陷入重度昏迷。幸亏经纪人来得及时，否则一个年轻的生命就这样断送了。但由于被害人受到过度惊吓神志不清，不能亲口指认凶手是谁。警察只好继续找线索。

从现场血迹来看，她好像一开始先在客厅遇到歹徒，于是逃往卫生间躲藏，才逃过一劫。

警方检查现场，犯人一点儿罪证也没留下，搜查真是难啊！警方向FBI 侦探菲利克斯求救。不一会儿，菲利克斯就赶到了现场。

“可不可以让我看看现场？我是她的歌迷，对这件事很感兴趣。”

“可以是可以，但是，就算你是名侦探，现在去检查现场，也一定找不到什么蛛丝马迹的。”警官答道。

菲利克斯侦探对伊芙丽家的卫生间一看再看，确实没发现线索。

“对不起！我突然便急。”菲利克斯皱着眉头道。

“真可恶！你是不是非用这间厕所不可？”

“正好早上拉肚子，我也没办法。”菲利克斯侦探狡黠地关门，上锁，接着坐在马桶上。几分钟后，他露出微笑，走了出来。

“犯人是名字开头字母为 A、K 的人。”

警官被菲利克斯所说的话震住了。

“您是在哪里发现线索的？”

“都是拉肚子帮的忙。”菲利克斯侦探“咯咯”地笑了起来。

请问，你知道菲利克斯侦探是怎么找到犯人名字开头为 A、K 的线索的吗？

13 破案的鹦鹉

212

为人和善的威廉博士一生创造财富无数，但对钱财并不在乎。因此，他和夫人去瑞士开会，也不曾对家里做什么防盗措施。其实早有贼人知道威廉博士家中有些值钱的家什，但盗亦有道，那些有节操的盗贼不愿意伤害真正为人类做贡献的威廉博士，因此不曾对他家下手。

但这并不能妨碍那些无所不为的贼人觊觎他家。果然，威廉夫妇赴瑞士后，就有窃贼团伙进入了这座宅邸，搬走了不少财物。虽然威廉可以不在乎这些东西，但警方却不能置之不理。上级给警员们的指示就是，威廉为我国做出了重大贡献，他的家中，绝对不能有失。

于是，警员们发现威廉家中被盗后，就立即着手侦办，可是线索却很少，警方在威廉宅邸忙前忙后，陷入胶着。正在这时，头顶的鹦鹉开始叫唤："快点比尔，你这笨蛋！快点保罗，你这笨蛋！"并不断地重复。

警官眼前一亮，看来这比尔和保罗就是窃贼的名字。你觉得警方的判断是正确的吗？保罗和比尔一定是窃贼的名字吗？

14 手白的女子有嫌疑

213

初夏的一个晚上，因一个案子的调查，私人侦探杰森访问了电视演员安妮。

“请问昨天下午三点左右，您在哪儿？”杰森请安妮拿出不在现场的证明。

安妮答道："在平台上写生来着，就是这幅画。"安妮给他看放在画架上的一幅油画，画的是从楼顶上仰视摩天饭店的景观，能看出来画得很不错。安妮接着说道："我因交通事故住了三个月的医院，前天刚出院，所以从昨天起一直在画画，也好解解闷儿，而且连续大晴天，是多好的日光浴呀！”

“怪不得脸黑红黑红的，显得挺健康的样子，我想这也是晒的吧？现在几点啦？不巧我忘了戴表。”探长杰森若无其事地问道。

“六点半了。”安妮看了看戴在左手腕的手表答道。

这时，探长注意到，她的左手指好似美玉一样白皙细嫩，美极了，粉色修长的指甲也格外漂亮。安妮察觉到杰森敏锐的视线在注意自己的手，便问道：“我的手怎么啦？”

探长没有说什么，只说是被她漂亮的指甲迷住了，还问道：“您是右撇子吧？”

“嗯，是的，那又怎么啦？”

“您晒了两天日光浴，并且一直在画画，可是左手却一点儿也没晒黑，我觉得有些奇怪。”

安妮听闻笑道：“哈哈，这是因为我的左手端着颜料板的缘故，所以没晒着。”谁知，安妮话刚说完，探长就断定安妮是案子的凶手，请问这是为何呢？

15 千钧一发

213

大盗本杰明之所以作案屡屡得手，是因为他持有赛车执照，所以在逃离警车跟踪的时候，总是显得得心应手。

但是，今晚他有强烈的预感——不那么好逃脱了。因为这里是只有一条直行公路的乡村，且这条公路是与一条单行线铁轨平行的，路旁很少有岔道。所以，很难摆脱当地警方和 FBI 的联手追击。

他事先窃听了警方的无线电，得知所有进路都布下了警网。如此一来，赛车技术便无法发挥了。就这样被包围在封锁网中，无异于瓮中之鳖。

当行经无人看管的铁路口时，正好栅栏放下了。本杰明停下爱车，焦急地等待最后一班列车通过。突然，他的脑海中浮现出一个念头，使他终于摆脱了警车的跟踪，并且避开了警戒岗哨，顺利逃逸。

请问，本杰明想到了什么巧妙的方法，又是怎么逃走的呢？

16 古屋幽灵 ○⊥ 213

在法国西南的波尔多市，有一座战争中留下来的古堡，有的人说里面藏有大量的珍宝，也有的人说里面曾出现过幽灵。买下这座古堡的人想对古堡内部进行一番修整，便雇了几个工人。一天，工人们刚走进前厅准备施工，这时，突然黑暗中出现了一个 2 米多高，浑身冒着火焰的幽灵。只见它手持匕首，似乎要扑过来，工人们吓得转身就跑。

这件事情很快便引起了富有冒险精神且不信邪的道格拉斯教授的兴趣，他决心解开这个谜。这天，他来到幽灵古堡，走到漆黑的客厅里等待幽灵的到来。果然，像往常一样，一个手持匕首的幽灵在火光中出现了。道格拉斯盯着幽灵细看，好像看到一个身穿宽大衣服的高个子男人，再仔细看，道格拉斯教授完全明白了。他猛地抓起身边的一个斧头向前砸去。紧接着，只听“咣啷啷”一声，一阵玻璃破碎的声音传入耳中，幽灵随即消失不见了。

道格拉斯马上从屋里出来，并迅速与警方联系。警察包围了古堡。不久，事情便真相大白了。你知道幽灵到底是怎么一回事吗?

17 奇异的钟声 ○⊥ 213

夜半时分，突然，一个黑影蹿到美国梧桐大道上的一间店铺门前。黑影掏出尖刀轻轻拨开了门闩。

看守店铺的哈里森隐约听见外面有动静，连忙起身。就在这时，他脑袋上重重地挨了两棍子，便“扑通”一声摔倒在地上。

歹徒将这家店铺洗劫一空，扬长而去。就在歹徒逃离现场的时候，哈里森苏醒过来。他想爬起来，但身子已被歹徒绑在了椅子上。他想喊，但嘴里被塞上了毛巾，只好坐着干着急。

清晨，有人路过这里，看见店门大开，才将哈里森解救了下来，并报告了警署。

邦德警长和 FBI 的杰克侦探迅速赶到了案发现场。哈里森的伤不算太重，这时神志已经清醒了许多。杰克侦探对警长说："我去勘查一下现场，您先在这里向哈里森询问一下案发的情况。"

杰克侦探来到营业室，仔细地察看着，可是一无所获。盗贼太狡猾了，一个指纹也没有留下，脚印也不知用什么东西清扫掉了。

警长正在屋子里与哈里森谈话。

"案发在什么时候？"

"不知道。"

"您什么时候惊醒的呢？"

"唔……不知道。"

"犯罪分子长什么样呢？"

"还是……不知道。"

警长见哈里森一问三不知，有些不耐烦地问道："那您都知道些什么呢？"

哈里森满脸通红，不好意思地低下头。

"当当当……"墙上响起了钟声。

听到钟声，哈里森忽然想起了什么，惊呼道："有了，我知道那小子什么时候逃跑的了。"他眯缝起眼睛回忆说："那小子走的时候，可能是怕我报案，把我往椅子上绑。他那么一折腾，把我弄醒了。我虽然什么也没看清，但我听到了钟响。"

"响了几声？"

"响了 4 声。"

"太好了！这说明犯罪分子是 4 点逃离现场的。"

警长高兴地刚要出去喊杰克侦探，却又被哈里森叫住了。

"不对，不是 4 点钟，而是 4 声钟响。"

"4 声钟响，不就是 4 点钟吗？"

"那不是连续的，都是隔了一段时间才听到一声。"

"间隔的时间一样长吗？"

"是的。"

"那是几点呢？"警长忽然想出了个主意，他把墙上的挂钟摘下来，做起了模拟试验。可除了 4 点钟以外，再也找不出间隔时间相同的 4 下钟声。

他又问哈里森："您记错了吧？！"

"没错。"

“但这不可能。”

“是啊，这是怎么回事呢？”哈里森也感到莫名其妙，但他还是坚持相信自己没有听错。

这时，杰克侦探进来了。听他们把4声钟响的事一说，侦探马上明白了，立即对警长说：“我知道犯罪分子是什么时间逃离现场的了。现在我们应该马上查清所有嫌疑人半夜12点钟在干什么。”

果然，按此时间盘查嫌疑人，很快就抓住了犯罪分子。

根据杰克侦探的推断，犯罪分子逃离现场的时间，是在半夜12点。那么4声钟响又是怎么回事呢，你知道吗？

18 有备而来的嫌疑人 213

华尔街金融区发生一起抢劫案。根据现场录像，警方经过5天的努力，终于将嫌疑人的范围缩小到了3个人，然后，警方先把嫌疑最大的那个人传唤到警局做笔录。

审讯的过程出乎警员们的意料，这个嫌疑犯表现出了与其他嫌疑人与众不同的地方，他既没有沉默不语也没有装疯卖傻，而是将他当时在哪里和哪些人一起做哪些事的详细情况有条不紊地说了出来。从表面看来，这件事情仿佛和他没有任何关系，他表现得如此淡定和放松，而且还热情地对警方说如果有需要，完全可以随时传讯这些证人。

警员们面面相觑，个个哭笑不得，难道这次真的推断错了？可这个人的确是嫌疑最大的啊。过了一会儿，经验丰富的探长笑了笑说：“他的嫌疑现在反而更大了。”

探长为什么这么说呢？

19 不肯认错的老头 213

社区里有一位女性向警方报告，说总看到一个老年男子向她张望。今天她重新油漆房子外面的楼梯扶手时，老人又在外面色眯眯地盯着她。

虽然这种事情警方不便出面，但由于女性的坚持，警方决定向老人申明一下态度。经过警方的调查，原来这个老人叫作皮耶，是附近的鳏夫，今年已经 70 岁了，身体并不好，走路都成问题，在平地上走路都需要扶着点东西。警方硬着头皮来到皮耶老人的家中，向他转达了那位女性的困惑。可是老人坚决不承认自己盯瞄那位女性。警方没办法，只好扶老人上警车，到那女性家中对质。

到达目的地之后，警长叫住其他警察，对老人说希望他能够去敲门。如果对方的神色看起来很愤怒，那么就证明老人确实骚扰过她；而如果对方的眼神很茫然，那么警方将认为骚扰她的是其他人。

老人点头同意，并慢慢悠悠地一步步沿着楼梯中间走到房门前，敲开了房门。该名女性见到他之后果然很愤怒。不过老人认为这并不足以构成证据证明自己就是经常在附近盯瞄这位女性的骚扰者。

警长为难地想了想，向老人耳语了几句话。老人霎时变得语塞，默默地走开了。从此再也没有骚扰过这位女性。警长对老人说了什么呢?

20 为什么乔治是凶手 214

富翁菲力经过一生的打拼，到年老时终于积攒下了一大笔财富。遗憾的是，菲力无儿无女。眼看着自己的年龄越来越大，经过深思熟虑，菲力决定在死后把财产全部留给自己的侄儿乔治、杰夫和侄女艾琳。

菲力请来了他的好友 FBI 警探杰克，当着三个孩子的面，郑重地签署了一份财产继承文件。他对孩子们说：“叔叔年纪大了，我就把这些钱财留给你们吧。但是你们要记住一句话，钱乃身外之物，不要把钱看得太重了。”

可是，当天下午就出事了。正当杰克在菲力的书房里整理文件的时候，突然听到菲力的惨叫声。他飞快地跑下楼去。在二楼很少有人走的后楼梯上，他撞见了迎面跑来的艾琳。见杰克跑来，艾琳结结巴巴地说：“声音是从一楼传来的。”

杰克快速地走下了狭窄的楼梯，一不小心，脸撞在一张蜘蛛网上。

他用手捋了一下蜘蛛网，来到了一楼的厨房。在门口，他往里一瞧：地板明显是刚刚擦过的，显得很洁净光亮，而立在一旁的餐具柜里却非常乱。菲力就躺在地板上，身上插着一把刀，已经死了。

杰克马上招呼保姆保护现场，同时报了警。他又透过厨房与后花园的连接门上的窗户向花园里看，发现外面泥地上有通向厨房的脚印。

不一会儿警察来了，开始讯问每个人。

乔治说："我一直坐在主楼梯旁的前客厅，没看到有人进来，肯定是有人从后门闯了进来。"

"我也什么都没看到！"杰夫指着自己鞋上的泥巴说，"我一直在厨房后面的花园散步。"

"好了，你们不用解释了，我已经知道凶手是谁了，他就是乔治！"杰克郑重说道。

杰克为什么说乔治是凶手呢？

21 车厢消失之谜

214

大家能想象得到吗？正在疾驰的火车，其中的一节车厢却悄悄地消失了！很多人听到这则消息都觉得这是胡说八道的，但是，这样一个很难令人相信的，而且非常异想天开的案件却真的发生过。

当时，据说有一批世界名画需要运送，于是，人们想了一个很好的办法，将名画装到一节车厢中，把这节车厢安装到普通车厢的中间，打算混淆视听。晚上 8 点，货运列车从阿普顿发车时，名画还在车上，毫无异常。可是到了下一站纽贝里车站时，唯独装有名画的那节车厢不见了。途中，列车一次也没停过。阿普顿至纽贝里之间虽然有一条支线，但那是为夏季旅游季节专门设置的，平时一般不用。

第二天，消失的那节车厢恰恰就在那条支线上被发现了，但名画已被洗劫一空。令人感到不可思议的是，那节挂在列车正中间的车厢怎么会从正在行驶的列车上脱钩，并跑到那条支线上去了呢？对这一奇怪的案件，警察毫无线索，束手无策。

在这种情况下，著名侦探海明威出马了。他沿着铁路线在两站之间徒步搜查，尤其仔细查看了支线的转辙器。只见转辙器已经生锈，但轮带上却有上过油的痕迹。"果然在我的意料之中！这附近有人动过它。"海明威将转辙器上的指纹进行了取证，请伦敦警察厅的朋友帮助鉴定，得知这是有抢劫列车前科的大盗基德的指纹。于是，海明威查明了基德的躲藏处，只身前往。

海明威一到基德的住处，就要求基德把从列车上盗来的名画交出来。基德抵死不肯承认是他偷的画。于是，海明威说道："转辙器上有你的指纹。当然了，作案的并不只有你一个人，你至少还应该有两个同伙，否则是不会那么容易就把车厢卸下来的。"基德看到海明威三言两语揭穿了自己一伙人的作案伎俩，只能交代了案情。

那么，他们究竟是用什么手段将整节车厢从行驶的列车上卸下来的呢？

22 可笑的谎言

214

汤姆开了一家公司，因为经营不善公司面临倒闭。汤姆开公司不仅欠了银行的钱，还欠众多朋友的钱，并且数目都很大。最近几天他经常被催债。汤姆开公司时雄心满满，可没想到会走到今天这一步。这天，汤姆正在办公室收拾东西，准备离开本市出去躲躲。这时来了一个西装革履的男人，汤姆第一反应是他是来要债的，于是汤姆马上拿起办公桌上的电话开始演戏。

"喂？是杰瑞啊，你要的那批货我们已经给你发过去了，钱明天就能到位是吗？"汤姆跷着二郎腿说着。

这名男子就像没有看到汤姆在打电话一样，说道："汤姆经理，我有事想和你说一下。"

"你没看我在打电话吗！你稍等一下。"汤姆继续假装和电话里的人聊天，"杰瑞，你什么时候有时间来我这里玩啊，我好尽地主之谊。"

陌生男人打断汤姆的话："汤姆经理，你能听我把话说完再打电话吗？"

汤姆用右手捂住话筒说："你这个人怎么这样啊！我在忙你没看见吗？这笔生意谈成了就马上还你们公司钱，生意跑了你能负责吗？"

陌生男子实在看不惯汤姆的态度，于是大声说道："你就别再和我演戏了，电话根本就没通。从我进来到现在你一直在演戏！"

陌生男人怎么知道汤姆是在演戏呢？

23 指纹手术

214

李某杀完人后在现场留下了大量指纹，因为着急逃走所以没来得及擦掉。他怕警察通过指纹找到自己，就找到一家美容院，将所有手指头上的皮肤都切割掉了，然后再从臀部取下表皮，移植在手上。手术很成功，李某认为就算警察抓到他也没有证据逮捕自己，于是他便大胆地出入公共场合。

不久之后，警方在一家酒店里抓住李某。李某问："你们凭什么说人是我杀的？"

警员说："因为经过核实，现场上留下的指纹和你的指纹一样。"

李某不是做过换皮手术吗？指纹怎么还会和现场的指纹一样呢？

24 求救信号

214

某个夏天的海滨浴场，阳光明媚，景色宜人，一架游览的小型飞机正在海滨上空飞行着。机上一共有 4 个游客，都是专门来阿姆斯特丹游玩的。飞机沿着靠近海岸的一边慢慢地飞行着，突然那个一上飞机就对风景不怎么感兴趣的穿白色西装的乘客，拿出一把枪打碎了飞机上的通信系统，然后用枪指着飞行员的脑袋命令道："赶快把飞机飞到一个小岛上去！"

吓坏了的飞行员名叫吉米，他知道飞机上遇到了劫匪，心中一阵慌乱，手脚不禁有些不听使唤了，飞机像飞行表演一样，在空中打着摆子玩着花样。

"蠢货，我不会杀你。只要你按我的指示，降落在那个小岛就是了。快让飞机正常飞行。快点！我可不想让我的子弹因为生气打穿你的脑袋。"穿白西装的乘客用枪敲着飞行员吉米的脑袋说。

"好……好的，只要你不杀我，只要你不杀我。"飞行员吉米结巴地说道。

很快飞机就正常飞行了，眼看着就要着陆了，白西装乘客高兴地对吉米说："朋友，你真是好样的，我不杀你，待会儿在你的腿上留点纪念就可以了。你看，我的朋友来接我了。我可不想在我的朋友面前展现野蛮的一面。”

果然，小岛附近的海面上，露出一个像鲸鱼似的黑影，划开一条白色的波纹，浮上来一艘潜水艇。小岛上站着荷枪实弹的海军陆战队士兵。

“哈哈，蠢货，放下你的枪吧。睁大你的狗眼，看看是谁的朋友来了。”飞行员吉米大笑着说。

“噢，上帝！我明白你小子是怎么干的了。原来你刚才是故意装害怕的。”白西装乘客绝望地叫道。一着陆他就被抓了。

你知道飞行员吉米是如何求救的吗？

25 狠心的母亲 214

最近，警察遇到了一个案子，非常棘手。具体案情是这样的：有一对夫妻，妻子作为原告，指认自己的丈夫，也就是孩子的继父，杀死了自己的亲生儿子，而丈夫却对此不予承认。孩子的亲生母亲是这样说的：“那天，我一进屋就看见了儿子躺在地上，旁边流着一大摊血，儿子身上还穿着褐色的毛衣。我的丈夫见我进屋，就从窗子逃跑了。”

一名 FBI 探员路过此地，听闻了这个案子后，还亲自去受害人家里查看了一番，回来就指出，原告，也就是孩子的母亲在说谎，她才是杀害自己儿子的凶手。请问，探员是怎么知道女方是凶手的？

26 拿破仑的结论 214

一次战斗结束后，有人报告拿破仑说，军需官坎普收了奥地利人的钱，给几个重要据点的士兵提供的军需用品数量都不对。

“竟然有这样通敌叛国的人！”拿破仑震怒了，他马上命令护卫把坎普带来，他要亲自审问。

“尊敬的统帅，我是被冤枉的！”坎普一把鼻涕一把泪地说：“我跟随您 5 年多了，怎么可能做吃里爬外的事情？我负责分发步枪手和霰弹手的子弹。步枪手用的子弹是 1 发和 10 发两种包装的；霰弹手用的子弹是 100 发和 1000 发两种包装的。我们有 200 个火力点，每个火力点都需要配发整 10000 发子弹。我给每个火力点都配备了 60 袋不同包装的子弹，这些子弹的总数刚好是 10000 发！有些别有用心的人诬陷我，尊敬的统帅，您要辨明真情啊！”

拿破仑听完坎普的叙述，转头对随从说道：“如果他真给每个据点都配备了 60 袋不同包装的子弹，那么他即使没有徇私舞弊，至少也不是个合格的军需官。”你知道拿破仑是怎样得出这个结论的吗？

27 火暴的警官

215

比尔是纽约市刑警队的大队长，办理了很多棘手的案子，令许多罪犯闻风丧胆。比尔由于性格比较乖张，所以办案的时候也经常不拘一格，不按常理出牌，经常让犯罪分子措手不及，让他们抓不住比尔的断案特点。因此，很多人称呼比尔是“令人无法捉摸的审判者”。

这一次，比尔所在的刑警大队又遇到了一个棘手的案子：一个人因为涉嫌盗窃、抢劫和入室杀人罪，被带到警察局进行调查。但是，由于警察们还没有找到直接、确实的证据证明他就是犯罪人，所以就想着在 24 小时的关押时间内将他的所作所为审问出来。不过，这个人从一开始就表现得楚楚可怜，给人一种“我不是罪犯，你们冤枉我，我好可怜、好无辜”的样子，并且义正词严地指责警察乱抓人，还哭哭啼啼地说要投诉警察。这个人一副知识分子和好市民的形象，让警察们无从盘问，甚至有些警察都怀疑自己抓错了人，觉得他不可能是罪犯。

眼看就要到放人的时间了，于是，警察们就商量着要把这人给放了。就在这时，比尔回来了。他二话不说，直接走到关押嫌疑人的房间，对他一顿猛揍，而且，比尔一边揍还一边破口大骂，说这人浪费了他们警察的时间和精力，让他十分生气！其他警察赶紧拦着，不知道比尔是怎么了。最后，比尔将那个人打趴下了，还大声说了一句话：“既然你不是我们要找的犯罪嫌疑人，那就赶紧滚，别再浪费我们的时间！”说完，比尔又气呼呼地、大步流星地离开了。

幸运的是，这个人好像有其他事情要忙，也没有怎么生气就急着走出了警察大厅。这个人前脚刚走，比尔就命令手下的警察赶紧跟上这个人，看他去哪儿、要做什么。一个小时后，跟踪这个人的警察发来了消息，说这个人从警察局出来后没有回家，而是到一个陌生的地方，拿着他偷来的东西去贩卖了！就这样，比尔找到证据，把这个人绳之以法了。

不过，其他警察们很奇怪，不明白比尔是怎么知道跟踪这个人就一定有收获呢？

28 失灵的鼻子 215

一个初秋的夜晚，监狱中有个囚犯越狱了。他用监狱厨房里烧火的木棒当高跷，跨过高耸的围墙，成功地逃出了监狱，接着穿过围墙边的空地，逃进了满是树林的山丘。不过，由于正好下雨，被雨打湿的地面上留下了清楚的脚印。

狱警带着警犬沿着脚印进行追踪。警犬仔细嗅过囚犯的足迹之后，一直循此足迹前进，直到进入树林。但追到途中，警犬不知为什么突然停下了脚步，左顾右盼，一步也不前进了。

逃犯并没有换穿别的鞋子继续逃亡，他脚上穿的始终是同一双鞋。

请问：他是如何骗过嗅觉灵敏的警犬的呢？

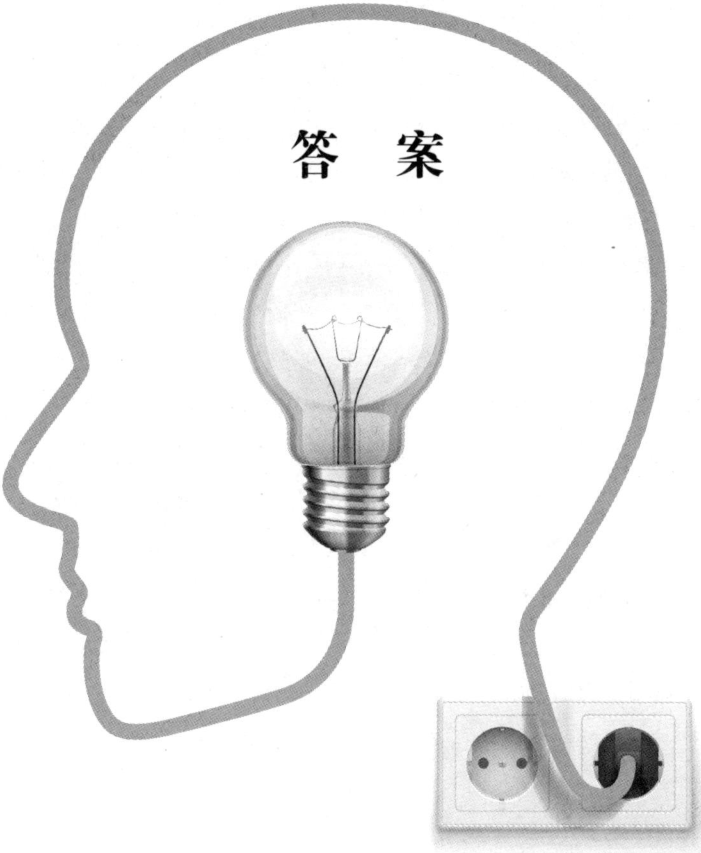

答 案

Clue 1
另辟蹊径，逆转思维

1. 谁杀了店主

答案： FBI探员们已经锁定了目标，知道凶手就在这些人中间，便想了一个妙计。FBI探员们每天在天黑的时候，故意把老妇人放走，然后再命令手下人秘密跟踪，看谁与这老妇人说话。这样反复三天后，他们发现有同一个人每天找老妇人套话。案犯做贼心虚，见每天都留下老妇人，就急忙打探虚实，正好中了FBI探员们的圈套。

2. 蚂蚁断案

答案： 凶手就是来银行办理业务的糖尿病患者。探长发现地上的蚂蚁汇聚在枪柄上，就猜想到枪柄周围有含糖的东西。可是，作为犯罪工具之一的枪肯定会被凶手好好保管的，凶手不可能将其随意放在一个可能会沾到糖的地方，由此可以推断，肯定是枪柄自身含有糖分。枪柄上会含糖，很可能是凶手之前接触过糖分。后来，探长得知嫌犯中没有人从事与糖有关的工作，也没有人吃过糖，那么，就只有一种情况了，这个人是一个糖尿病患者。他在紧张的情况下，手心出汗，而汗液中带着糖分，引来了蚂蚁。所以说，患有糖尿病的客户是真正的凶手！

3. 追踪有破绽的“幽灵”

答案：詹森探员观察入微，他是根据斯坦纳看《希伯来日报》的动作发现破绽的。众所周知，希伯来文和阿拉伯文一样，都是从右向左书写的，而斯坦纳的放大镜却是从左到右一行一行地往下移，这表明他并不认识希伯来文。就这样，斯坦纳露出了马脚。

4. 狡猾的劫匪

答案：其实很简单，从文中的描述中我们可知，这两名男子的身材相差悬殊，那他们的手腕粗细自然也会有明显的分别。我们只要仔细观察一下表戴上的孔洞痕迹，便会清楚地知道手表的主人是谁了。

5. 不攻自破的案件

答案：这名FBI探员在走廊上的时候，就听到一个女人在叫“约翰”，很明显，这是一位男性的名字。等到FBI探员走进房间后，发现屋内除躺在地上的中枪女人外，还有两个女人，那就是律师和会计师。如此一来，屋内仅剩的唯一男性——邮差，就是真凶了。

6. 谁是小偷

答案：FBI探员当时说的是：“你们可以走了。”说完这句话，他就看到这两个人都起身离座，探员便知道第二个人是小偷，他是装聋作哑的。

7. 数字断案

答案：凶手是代号608的光，因为女侦探当时是背着手写下的608，数字排列发生了变化，正反顺序也颠倒过来。809其实是608。

8. 罪犯的逃向

答案：人体血液中的盐含量远远超过动物血液中盐的含量。西科尔只要用他敏感的舌尖尝一下两行血迹的味道，即可迅速判断逃犯的方向。

9. 画家是自杀还是他杀

答案：死者两个月前左手已经麻木，但在现场他却是用左手握枪，由此可以证明他是被谋杀的。在两个来访客人中，只有两天前从巴黎回来的道明不知道他的左手有毛病，所以道明就是凶手。

10. 谁是偷项链的人

答案：盗窃项链的是丽娜小姐。因为林德看到她的手指呈现出蓝黑色。约翰将珍宝盒用湿的封条封上，糨糊是含有淀粉的，当丽娜的手指接触到封条时，碘酒与封条糨糊中的淀粉发生了化学反应，原来黄色的手指就会呈现蓝黑色。

11. 谁盗走了古币

答案：盗走古币的是哲尼克，因为知道钥匙所在地的只有戴维德三兄弟和他，三兄弟住在一起，留下指纹很正常，只有他在作案后才需要把留有指纹的地方擦抹干净。

12. 谁在撒谎

答案：日本国旗无论正倒都一样，可见三副在说谎，所以船长断定是他偷了钱。

13. 被杀的女乐手

答案：洛克探长断定苏姗并不像邦德

说的那样打算参加演出，因为一个大提琴手不可能穿紧身的裙子演出。

14. 一桩奇特的凶杀案

答案：凶手是死者的弟弟。死者上身赤裸，未来得及穿上衣服就开了门，说明凶手和他一定十分熟悉。如果是学生家长的话，出于礼貌，死者一定会穿好上衣，而不会赤裸着上身去开门。

15. 阿尔卑斯山上的谋杀

答案：警方断定凶手是杰森。他假装正午离开小屋，等1点30分罗伯特和约翰都离开后，便进入小屋杀了乔。他随即往下跑到半山腰，偷了约翰放在那里的滑板，一口气滑向山庄，所以4小时40分就到达了旅馆。因此，1点30分出发的约翰到达半山腰时才找不到自己的滑板。而且，罗伯特和约翰都没有作案时间。

16. 野炊途中的命案

答案：凶手是汤姆。因为他们来野餐的前一天刚下过雨，这里的木柴本来就是湿的，不会因为掉在地上才变湿。所以，很明显汤姆在说谎。

17. 心理学家来破案

答案：凶犯是那个推销员。情人经常来往于被害人的家，嘴上叼着香烟进进出出，是很平常的事。推销员就不同了，为了推销商品，常常到陌生人家。出于礼貌，他每走进一户人家之前，往往会在大门口把点燃的香烟丢掉。这对他已习以为常了。结果证明，心理学家是正确的。

18. 无孔不入的特工暗杀

答案：凶手是维修电话的工人，他是A国派出的特工人员。他在电话听筒内安装了子弹发射装置。他离开房间后，就给房内打电话。当那位重要人物拿起电话时，电流接通，子弹装置的镍铬线变热，子弹便发射出去。所以门虽然是反锁着的，但重要人物却中弹身亡。

19. 聪明的特工头目

答案：间谍显然在前排A、B、C、D或后排I、J、K、L这8个人中，否则，船体不会前倾。

第一次测试：

分别交换前排A、B、C三人和中排E、F、G三人的位置，再交换前排D和后排L的位置，然后观察船体的倾斜情况。

船体的倾斜有且只有以下3种情况：

（1）船体由朝前倾斜变为朝后倾斜。这说明间谍在D和L两人中。

（2）船体由朝前倾斜变为保持平衡。这说明间谍在A、B、C三人中。

（3）船体继续朝前倾斜。这说明间谍在I，J，K三人中。

第二次测试：

分3种情况：

（1）如果间谍在D和L两人中，则不妨令D和中排的H交换位置。这时如果船体保持朝后倾斜，说明间谍是L，他的体重比标准较轻；如果船体变为平衡，说明间谍是D，他的体重比标准较重；如果船体变为朝前倾斜，说明间谍是L，他的体重较重。

（2）如果间谍在A、B、C中，则不妨令B和前排的E交换位置，C和后排的I交换位置。这时如果船体继续保持平衡，说明间谍是A；如果船体变为朝前倾斜，说明间谍是B；如果朝后倾斜，说明间谍是C。因为A、B、C 3人原来都在前排，因此，3人中任何一人如果是间谍，其体重一定较重。

（3）如果间谍在I、J、K 3人中，则不妨令J和中排的A交换位置，K和前排的E交换位置。如果船体保持朝前倾斜，说明I是间谍；如果船体变为平衡，说明J是间谍；如果船体变为朝后倾斜，说明间谍是K。因为I、J和K 3人原来都在后排，因此，3人中任何一人如果是间谍，其体重一定较轻。

20. 时间揭示的问题

答案：收录机既然能录进枪声，那么也能录进屋里挂钟的报时声，可是磁带里没有录下挂钟的报时声。这说明罪犯是在其他现场一边录音一边杀死被害者，然后把尸体与录音机一同移至此处。探长不需要听录音，就能够得出这一结论。因为如果录音里面有挂钟的报时声的话，他手下的侦探早就该知道确切的谋杀时间了，根本无须去问电视台。

21. 被情所害的科长

答案：警方的判断显然是错误的。为什么呢？原因很简单。在警察的调查中，嫌疑人表现得暴躁易怒，而且这并不是装出来的。试想，一个如此气急败坏的人，是不会有清晰的头脑，为了掩盖自己的动机，去通过制造流言的方式瞒天过海的。所以，凶手另有其人。

22. 保镖为何被解雇

答案：从案例中我们可以看出，这名富豪是十分严苛的，而且十分在乎自己的生命安全。这名保镖既然负责巡夜看守，怎么可以睡觉呢？可见他并不是很负责任的保镖，所以，富豪才要解雇他。

23. 熟人作案

答案：凶手是胡家瑞，龚娟娟是共犯。不论是多么熟悉的人，假如从正面持刀行刺，即使像龚总这般洒脱的人也不可能不加以反抗；再者，为了避免被溅起的血沾染到，凶手必须绕至被害者身后，果真如此，则从伤口的位置看来（在右），凶手不可能是左撇子，所以排除了秘书王喜达。

凶手欲由背后行凶，则必须有人从正面将龚总的注意力引开，而龚娟娟正适合担任此角色。因此，可以推测龚总被杀的过程是这样的：胡家瑞与龚娟娟双双自庭院进入后，龚娟娟假意去说服龚总同意她的婚事，胡家瑞便在房内悄悄找机会。当龚总的注意力渐为龚娟娟所吸引时，胡家瑞悄悄转至龚总身后，轻轻戴上胶皮手套，持短刀自龚总的右耳下直接朝下颚用力划开。

其他嫌疑犯在没有共犯的情况下，是无法从容转至死者身后的；同时，假若凶手是外科医生的话，那么，他会选择一种更不致流血的简单方法，如一刀刺中对方的延髓，而不是用这种凶残的方法。

24. 富翁之女被绑事件

答案：林警官推测的这个地方就是案发现场的公园。很多人都觉得，绑匪过了一段时间才联系李老板，就是为了让李老板包括其他人都以为人质已经远离了绑架现场，不可能在公园逗留。所以，警察在听到动物的嘶鸣声以后，就以为绑架地点是动物园或其他饲养动物的地方。但是，在公园里也有一个地方会有动物的嘶鸣声，那就是公园里的那些具有惊险游戏的场所，这些嘶鸣声就是游乐场所的背景音。所以，林警官突破了发出野兽嘶鸣声音是真实的动物这一点的限制，想到了公园中那些虚拟声音的地点，就大胆设想绑匪依然在公园。果然，警察在案发现场的公园里找到了绑匪和人质。

25. 刀伤辨真凶

答案：从克罗尔的伤口位置可以看出来，凶手的身高不怎么高。因为刀是由上斜向下刺入身体的，这就说明凶手没有死者高。如果凶手的身高比死者高的话，那么，由于肢体角度的原因，匕首受力方向就只有刺入的方向，因此伤口应该与匕首的宽度相当；但是，实际上刀伤比匕首宽度要宽，切有向下切割的迹象，从此可以推理出，匕首的受力方向除了刺入的方向之外，还有一个向下的拉力。所以，凶手的身高应低于死者。那么，凶手就不是高个子青年，而是“矮子老大”了。

26. 一句话暴露的凶手

答案：凶手就是张三。警察原本是来查案的，如果不进屋就没法问案。但是，他们却说自己不需要进去了，这说明警察已经得出了结论，而这个结论很明显是在张三叫门之后、王家媳妇出来之前得到的，不然，警察也没必要跟着张三跑这么多路。那么，张三是哪里露馅儿了呢？就是他叫门时说的那句话。张三明明一路上都在问警察去王富贵家干什么，但是警察都没有告诉他，而他却在叫门的时候，喊到“王家媳妇，警察来查案”这句话，这说明张三是知道警察为什么来查案的。但这个时候王富贵刚死，连他媳妇都不知道这个消息，张三又是怎么知道的呢？唯一的可能就是张三是凶手，而他在路上之所以一问再问，就是想要套警察的话，想知道警察查到了哪一步。

27. 神奇的鸽子钟

答案：题目中已经告诉我们鸽子钟有一个特点，那就是会在整点的时候报时。可是，警察在现场找到的这个录音笔中，里面的录音长达两个小时，但是警察竟然在里面没有听到任何报时的声音，这只能说明，这个录音是假的！也就是说，这个录音或许被剪辑过，或许完全就是在另外一个地方录制的，是用来栽赃陷害纳罗利的。所以，警察才会放了纳罗利。

28. 不在场的证明

答案：刑警看到水槽里的热带鱼正欢快地游动，便识破了这个女人的谎言。因为在下大雪的夜里，若果真停了一夜的电，那么水槽里的自控温度调节器自然也会断电，到清晨时，水槽里的水就会变凉，热带鱼也会被冻死了。

Clue 2
迷雾重重，拨云见日

1. 邮票藏在了哪里

答案：小偷把邮票沾水后贴在电风扇的叶片上，然后打开电风扇。因为电风扇在转动，所以不可能发现邮票。警察关掉电风扇，邮票自然也就找到了。

2. 邮票被盗的离奇过程

答案：《圣经》的第 47 页与第 48 页是同一张纸，简恩是不可能把邮票藏在这两页之间的。

3. 神秘的盗贼

答案：防盗玻璃是难以毁坏的，但如果玻璃上有个小小的缺陷，用锤在那里一击，防盗玻璃就会破碎。知道这个破绽的人，只有设计制造防盗玻璃柜的那个人。

4. 真凶竟是教练

答案：跳水运动员的职业病是眼角膜损伤较严重，视力较差，即使戴眼镜也无济于事。教练是退役跳水运动员，故不可能在深夜看见约 50 米远的人左眼睑下的疤痕，所以他在说谎。

5. 影子与谎言

答案：房中只有一盏电灯，一个人只有一个影子，不能够同时出现在两侧的隔屏上。如果两侧的隔屏上同时出现一个人的影子，就可以断定当时中间的房子里是有两个人或两个人以上。

6. 玻璃上的污水

答案：寒冷的天气里，室内温暖，冰霜都是结在室内玻璃上，户外玻璃上是不会结厚厚的冰，可见波尔在编谎话。

7. 背影与领结

答案：既然她只看到了小偷的背影，怎么能看到他胸前的领结呢？

8. 不诚实的孩子们

答案：过山车没有引擎。一条特殊的传送带会把过山车带到顶端，而重力会让过山车一路向下滑到底。所以，儿子在撒谎。

9. 瑞香奇案

答案：瑞香是一种只需要很少水的植物，如果水浇得太多，它就会死。卡罗尔小姐告诉警察“自己每天给它们浇水，而且它们变得更美丽了”，她肯定是在撒谎。

10. 戴墨镜的杀手

答案：当时小李和小冯正在吃火锅，

如果有人戴着墨镜进入热气腾腾的室内，镜片上会蒙上一层雾气，根本无法看清屋里的人。

11. 赌博致命

答案：当威尔觉得安全的时候，他拿抢劫来的钱去赌场输了个精光，正是这些钱让他暴露了身份。因为钞票上是有编码的，有人发现钱上的编码正是两个月以前银行被抢的那批之后就报警了。

12. 琴声的奥秘

答案：汤姆换了一首激昂的曲目，邻居在晚上听到这样的琴声，就会出来制止汤姆这种没有公德心的行为，也就是这个时候邻居们发现了两名黑衣男子。

13. 渔民因何遇害

答案：被鱼咬伤和刀伤的伤口是完全不一样的，经验丰富的渔民不可能将刀伤认作咬伤，当渔民自作聪明地说死者是被鱼咬伤之后，警察便怀疑渔民，没想到果真是渔民杀害了死者。

14. 消失的子弹

答案：雪莉把口红里面的芯拿出来，把子弹装进去，然后盖上盖子。这样子弹就被藏起来了。

15. 女士之死

答案：凶手只开了一枪。因为凶手开枪时，被害者正弯着腰背对着窗子，子弹射穿了她的大腿后进入胸部，所以表面上看起来，她似乎是中了两枪。

16. 黑暗中的杀人案

答案：如果确如威尔所说是在看电视时突然停电，同时发生了谋杀案，那么当电闸合上后，电灯亮了，电视也应有节目，寓所里不会是“一片沉寂”。

17. 寓所抢劫案

答案：画家临死前说的“……开……关……掀……米……勒……”并不是指掀开米勒的画像，而是指掀开钢琴盖，按键上的两个音符“3”和“6”（米为3，勒为6）。按下这两个键后，地道的门自然就打开了。

18. 苍蝇侦探

答案：我们已经知道，蔬菜园的所有人都是只吃蔬菜不吃肉的，而苍蝇对蔬菜的气味不是很敏感，唯有那把杀过人的刀，因为才在两个小时前见过血，虽然洗干净了，必定还带着血腥味，所以才会有苍蝇不断去围攻那把刀。因此，我们不难判断出，那把刀的主人可能就是凶手。

19. 以药探心

答案：这只不过是一种普通的心理测试。海伦博士利用了犯人的心理，真正的罪犯不会真把药服下去，而没有犯罪的人却很坦然地把药喝了。

20. 奇怪的密室杀人案

答案：存放杂物的储存室的壁板墙，全是从里侧用钉子钉上去的。其中两三张壁板是用强力胶粘上去的。罪犯把这几张壁板取下来，走出房间后再把壁板涂上强力胶，粘到原来的位置上去。壁板上仍留有旧铁钉帽儿，所以，从外面粗略一看，这个房间的四周墙壁似乎全用铁钉钉着，给人以完全封闭的错觉。

21. 死亡与鲜花

答案：因为尸体下面的月见草开着花。月见草只有在晚上才开花，如果死者真的是昨天下午在这里自杀，那么压在尸体下面的月见草就不应该是盛开的。这表明，尸体是昨天晚上被人扔在这里的。放个有毒的果汁瓶，只是为了迷惑人而已。

22. 请专家来断案

答案：植物也有血型。尽管植物没有红色的血液，但也有确定血型的物质。那躺在床上的死者枕着用荞麦皮装制的枕头，由于荞麦中有A抗原和B抗原，所以在枕头上验出了血型。而在车祸一案中，轮胎轧过山村小路上的植物，能够确定植物血型的物质就粘在轮胎上了。

23. 被淹死的人

答案：思维定式是侦探最大的敌人。在海水中溺死是一条重要的线索，同时它也在暗示警察案发地点是在海边，而特里拥有不可能作案的时间证据。

实际上，仔细思索一下，并不是被海水溺死就一定发生在海边，如果有足够多的海水的话，在浴缸里同样也能被海水淹死，凶手作完案后，放掉海水，装满淡水，这只需要10分钟就足够了。

24. 剧烈的毒酒要人命

答案：在文中有一个很重要的线索，那就是店里面温酒用的壶是用锡做的。众所周知，锡壶大多是铅锡壶，里面的含铅量很高。当店小二把铅锡壶放在炉子上温酒时，酒中就带上了浓度很高的铅和铅盐，这也是为什么就水上会浮有一层黑膜的原因。这个时候，如果客人多饮几杯，就会出现急性铅中毒的情况，造成别人下毒的假象。所以说，丝厂老板是中毒不假，却不是与他谈生意的商人下的毒。

25. 火灾的起因

答案：因为油在铁锅里燃烧以后，用水来灭火和用油来灭火，效果是截然不同的。油轻于水，如果浇水，反倒会使火势更强。而往锅里浇冷油，火源会因为与氧气隔绝而慢慢熄灭。由此可以断定雪莱是在说谎。

26. 森林公园深处的凶情

答案：从落叶上分析的，如果车子在森林中停放两天，车内和尸体上一定会堆满落叶，如果车上落叶很少或基本没有，证明车子停到这里的时间不长。而罪犯只能步行离开，在大森林里，既容易留下痕迹，又不容易走远。

27. 飞机上的遗书

答案：飞机在高空飞行途中，机舱内高压而机舱外低压，如果突然打开舱门，会产生巨大的向外的吸力，放在座椅上的遗书肯定会被吸出机外，不可能还留在座椅上。

28. 毛毯的破绽

答案：死者是头部中枪，若是自杀，他拿手枪的那只手应该露在毛毯上面，而不是全身盖着毛毯。凶手为死者盖上毛毯时考虑不周，露出了破绽。

Clue 3
大胆想象，勘破真相

1. 情报专家解数字暗号

答案：从表面来看，7、8、9、10、11 这五个阿拉伯数字就是纯粹的数字，但实际上它指代具体的事物。我们可以通过类推法，把这五个阿拉伯数字跟英文字母进行对照，可以得到 K、L、M、N、O 这五个英文字母。但是这五个英文字母组合并没有实际的意义。如果我们继续类推，把这五个阿拉伯数字跟月份对照，就会得到 July、August、September、October 和 November 五个单词。之后把每个单词的首字母提取出来组合，就能得到“Jason”。这无疑是一个英文名字。因此，可以断定那位恐怖分子头目叫 Jason。罗伯森就是通过类推的方式得出结果的。

2. 凶手的身高

答案：一个人站立时，在自己所面对的墙壁上书写，通常都会选择与自己目光平行的位置。克里特目测出自己的视线高度与血字中心高度的距离，然后以自己的身高为基础，通过类比计算出了凶手的身高。

3. 改造后的密室

答案：所谓密室，就是一个封闭的空间，外面的人进不去，里面的人出不来。但是，马歇尔的这间房屋不是密室，是有门的，罗密欧要想将这间房屋改成密室，就需要将门变没有。这当然不可行，所以，罗密欧就在门闩上做了手脚。他希望门闩在一开始的时候是能够被抬起的，这样他可以方便地离开屋子；等他离开屋子后，抬起的门闩需要落回原处，给人一种门是在里面锁着的状态。正好当时有雪，所以，罗密欧就先用一块冰雪将门闩抬起，等他离开后，因为室内的高温，会让冰雪慢慢融化，顶开门闩的工具又“消失”掉了，就让这间屋子达到了密室的一个状态。

4. 绊倒死亡事件

答案：达西之前说过，他在上楼之前，因为被绊倒，所以将一根电源线给踩掉了，后来，他又插回去了。也就是说，很可能有某个或者某些电器在运行的过程中中途断电了。而断电对电器的影响就包括数据未保存这一项。刚好，汤姆的电脑也有数据未保存，因此当时这根电线很可能就是汤姆电脑的供电电线。

如果真是这样的话，就说明汤姆的电脑中间是断过电的，那么，如果他真的一直在编辑文档的话，那么他一定重新开机，并且重新打开过文档。如果他真的重新打开过电脑后，那么，软件的自动恢复功能在那一次重新启动软件的时候启动过后，就不应该再次启动了。但是，实际上，警察这次让他打开工作文档后，里面的自动恢复功能启动了，这就说明汤姆在断电后不曾打开过软件，也就是说，他不曾编辑过文档，这与他“一直在编辑文档”的说法矛盾。因此，警方怀疑他在断电的时候不在屋子里，而他说谎的最大可能就是因为他是杀人凶手。

5. 水管中的窃贼

答案：警方的怀疑是不成立的。因为单凭这根管子，米歇尔并无法在水下藏匿那么久的。不信的话，我们可以做个实验。当我们把一根浸在水中的管子，从一端加压让水继续流入，会导致管子中的存水从另一端流出；之后反向加压，上次流入的水这次会从同一端流出来。也就是说，在反复地加压的时候，从该端进出管子的永远是那部分水。同理，米歇尔在换气的时候，因为管子太长，米歇尔是无法穿透管子到达另一端的！也就是说，他吸入的永远是自己呼出的空气，这会让他很快缺氧，在水下坚持不了那么长的时间。所以，警方的怀疑不成立。

6. 盘山公路的坠车事件

答案：正确。我们可以先假设是人为的失误造成的车辆坠落。那么，在失误之前，由于李政正开着车在盘山路上行驶，想想也知道，这时的车速不可能很快。既然如此，如果是失误造成车辆坠落，车子的水平速度也不高，那么，车子应该在冲出护栏后不久就掉落在山坡上。但是，实际上车子却“飞”行了很长一段距离后，才和山坡接触，这就证明车辆在坠落之前的车速是非常快的。但是，正常情况下，人不可能在盘山公路上高速开车。因此，可以判断，这辆车很可能已经出现了故障，比如说刹车失灵。这样一来，车子就会越来越快，导致车速快到李政无法控制的程度，以至于车子撞破护栏飞了出去。

7. 该追哪个嫌疑人

答案：这道题目的答案在监听到的声音里。在开门之前，纳什听到走廊里有“笃笃笃”的脚步声，他想到只有皮鞋与地面摩擦才可以发出这种声音。而另外那个穿休闲鞋的人，在走廊里走路时是不会发出这种声音的。纳什通过类推认定那个穿西装的人是非法交易的买家，因而与伙伴一起开车追踪他。

8. 聪明的飞贼

答案：从门窗的情况看来，犯人是不可能进入室内，也不可能在窗口使用工具盗窃。犯人使用了不必亲自到场的盗窃工具——鸟类。训练鸟类采集光闪闪的宝石的能力，然后由鸟类穿过防护栏，衔取宝石饰品。火柴是让鸟类衔住，使其不致发声。而之所以锁定黑格斯，是因为夜里只有猫头鹰能够自由飞行。

9. 相约“鸿门宴”

答案：因为沈太太在说谎，警察怀疑她说谎的动机。我们可以先假设沈太太的说法是真的，她看到窃贼刺伤了自己的丈夫之后马上开始尖叫，而楼上的两人在听到她的尖叫之后也马上下楼来看怎么回事，那么，在这么短的时间内，刘叶他们看到的应该是沈万山的动脉破口处血液喷溅的现场，而不是已经流了一地的血泊。在那么短的时间里，血液还无法汇集成血泊。因此，说谎的沈太太有重大嫌疑。

10. 人为的“意外事故”

答案：我们可以用假设推理法来推理一下。首先，假设死者伯德是从两人高的原生态石头上掉下来的，那么他一定要先爬上去才能摔下来。但是，面对这种难以攀登的石头，任何有攀登经验的人，都不会戴着妨碍视线的墨镜往上爬。而且，就算有人戴着墨镜登上了顶部，由于石基的不稳定和表面的不平坦，也没有人会戴着墨镜站在上面，因为戴上墨镜之后看的不是很清楚。再说了，伯德他们之所以要爬上这么高的石头，为的就是看下四周的样子，在这种情况下，谁还会戴着墨镜呢？因此，警方推断，死者根本不是从上面掉下来的，而是在石头下面被人谋杀，并伪装成坠落事故的样子。

11. 银簪与硫黄的故事

答案：刑侦队长之所以确信朱建军是凶手，是根据发黑的银簪来说的。因为朱建军患皮肤病，需要在身上涂带有硫黄的药剂，这也导致他的手上也沾满了药剂。所以，当朱建军用涂药的手去握银簪时，就一定会发生化学反应，这就是银簪的柄端发黑的原因。所以，杀人凶手正是朱建军。

12. 合适的鞋子

答案：故事里的警察在审讯劫匪尼尔森的过程中，用到了类推法。警察在案发现场发现了尼尔森留下的一双鞋，由此想到了童话《灰姑娘》里的情节。灰姑娘在匆忙之中把自己的水晶鞋留在了涂着柏油的楼梯上。于是王子让三位姑娘分别试穿这只水晶鞋，终于找到了自己所喜欢的姑娘。

警察见到罪犯留下的一双鞋，也用试穿鞋子的方法来判定尼尔森说的到底是不是真话。结果，尼尔森穿上这双鞋后，不仅大小非常合适，而且他脚上沾着的一些染色物也跟鞋子上的一模一样。如此一来，劫匪尼尔森就无处遁形了，只得承认自己犯了罪。

13. 神秘数字“732”

答案：探长之所以能够揭开神秘数字“732”的面纱，是因为他进行了类比推理。在五线谱中，音符的命名通常是从 CDE 开始，一直到 FGAB 为止。把它转换成数字形式就是 1234567。因此，数字与字母就产生了对应关系。也就不难看出，7 对应 B，3 对应 E，2 对应 D。这三个字母组合起来就是“BED”，也就是床的意思。果不其然，探长在毒贩的床内搜出了毒品。

14. 真假郁金香

答案：贵妇人自以为做得天衣无缝，实际上还是有破绽。那就是她忽略了植物的生理节律。郁金香的花朵在夜间会合拢，而假花自然没有这种功能。盗贼是晚上入室行窃，当他发现其他的郁金香都合拢了，就会类推出这株假的郁金香也应该会合拢这样的结论。然而事实上，这株假郁金香并没有合拢。如此一来，盗贼就开始怀疑这株没有合拢的郁金香。于是他拔出假花，刨出泥土，发现了藏在花盆里的珠宝。

15. 辨别供词的真伪

答案：这道题目可以运用排除法进行推理。首先，甲和乙都说“我没有偷走文件”可知这两句不可能全是实话。如果这两句都是实话，那么丙就是作案者。根据题意，六条供词中只有两条是正确的。既然甲和乙的话都是实话，那么丙的话就一定是假话。而当丙说假话时又跟已知条件相矛盾，所以，甲和乙的话只有一句是实话。可以确定丙不是作案者，因而先排除丙。

其次，因为三名嫌疑人之中只有一个人不会破译密码，所以甲的“我不会破译密码”、乙的“我会破译密码”和丙的“我不会破译密码”中不可能只有一条实话。而根据题意这三句话中最多只有一句实话，所以这三句话应该都是假话。至于丙说的“是会破译密码的人作的案”则是实话。由此可以确定乙不会破译密码，因而犯罪嫌疑人可以排除乙。故此，甲才是作案者。

16. 根据两条车辙印来断案

答案：要想判断走哪边才能抓到盗贼，需要运用类推。首先，当两个人用一根木棍抬东西的时候，重物偏向某人一边，那么这个人就会承受更多的重量。正常情况下，人骑在自行车上，人的位置要偏后，也就是说后面的轮胎要承受更多的重量。如此一来，前轮和后轮分别产生的车辙的深度是不同的。但是在上坡的时候，人的重心会向前移动，这样一来两个轮胎承受的重量就相同了，所以两条车辙印的深度是相同的。

所以，这个警察应该沿着车辙印一样深的方向追赶盗贼。

17. 哪一间房

答案：史蒂夫敲了305号房间，因为经理说计算机标示和房间的住客身份完全不符合，表示305号房间里一定是两女或者两男；如果敲了305号房间，听出了声音是男或女，就可知道305号房间里是两男或两女。

假设305号房间里是两男，则原本的301号房间里一定是两女，而303号房间里则是一男一女。而另一种可能性是，305号房间里是两女，则原本的303号房间里一定是两男，301号房间里则为一男一女。

18. 他有罪吗

答案：甲肯定是有罪的。可以这样来推理——如果乙无罪，那么，罪犯就是甲，或是丙。假如甲就是罪犯，那他当然有罪。而假如丙是罪犯，那他一定是和甲共同作案的（因为他不伙同甲是绝不作案的）。所以，在乙无罪的情况下，甲是有罪的。如果乙有罪，那么他必定要伙同一个人去作案（因为他不会开汽车）。他或者伙同甲，或者伙同丙。如果伙同甲，那么甲当然有罪。如果伙同丙，那么甲还是有罪，因为丙只有伙同甲才会作案。或者乙无罪，或者乙有罪，但甲一定是有罪的。

19. 离奇的连环杀人案

答案：先前的警察只是一味地在尸体周围找线索，将搜查范围限定在尸体附近，但是，他们却始终找不到凶手的作案方法。其实，凶手在作案时，除近距离杀伤外，还可以进行远距离杀伤。凶手的这种作案方法和中国古时候的弓箭射击的原理类似。这位民间警探正是因为去过中国，熟悉中国弓箭的使用和威力，所以才能想到这一点，从而扩大搜查范围，找到了罪犯躲藏的地点和蛛丝马迹。

20. 火中的魔鬼

答案： 魔鬼忽大忽小是因为火光的不断变化，而恶魔之所以在着火的时候存在而现在已经不存在，说明他已经被烧毁了。在大火中很快被烧毁的，应该是恶魔的塑料模型。根据孩子的描述，警官去附近的商店查看有谁买过这种恶魔模型，结果找到了凶手，模型是他带来作为礼物送给被害人的。

21. 机灵的毒贩子

答案： 本案例涉及固态与液态，毒品与水的类比推理。事实上，毒贩们将毒品溶解后，装在密封的白色透明塑料袋里，又和水一起冻成冰依附在冷库的墙壁上。警方让冰块自动解冻后，毒品也解冻，并混在水中。但地下室光线昏暗，透明的塑料袋和液态的毒品很容易被水混淆，无法识别。第二次，警方采用相同的方法将水抽干，终于找到了藏在水中的毒品。

22. 巧妙的下毒方式

答案： 由现场发生的一切可知，凶手的下毒方式不露痕迹，实为高妙。我国古代有一种利用酒壶下毒的方式。酒壶内部分为两部分，一半酒下毒，一半酒未下毒，借以蛊惑众人。以此类推，凶手很可能是把毒液擦在鼠标滚轮上，约克在浏览网页时滚动滚轮沾上了毒液，与此同时，有毒的那一半轮子已经被他转到了鼠标的里侧。

23. 为什么要自杀

答案： 最后一次复诊，坐在火车上的罗伊心情极好，他已经差不多能够看清这个世界了，但当火车驶入穿山隧道时，他的眼前突然一片黑暗，罗伊以为自己又失明了，所以，万念俱灰下，他选择了跳火车自杀。而案发现场也没有其他证据可以证明，罗伊是死于他杀，所以，以上很有可能就是罗伊选择自杀的真正原因。

24. 失踪的手指印

答案： 根据类比推理，由晶莹闪亮的指甲联想到与指纹有关的东西。指甲看起来之所以光泽漂亮，是涂了指甲油的缘故，指甲油反射出的光线，使指甲看起来光彩照人。而指甲油加强反射的能力，是风干后形成的外层光滑的隔离层使然。如果在手掌和手指部位涂上这样一层隔离层，那么就可避免在手接触过的位置留下指纹了。

25. 暴露的劫匪

答案： 众所周知，由任意两种光速不同的介质接合而成的物质都可以反射光线，镜子这样，人眼亦是如此。艾莉娜的眼球可将劫匪成员的形象反射到镜头里，从而记录在照片里。警方用高保真还原技术，把原本就是全画幅高像素的数字照片放大，就得到了足够大的艾莉娜眼球和清晰的罪犯的形象。

26. 爱的谋杀

答案：环状运行的事物，处在某一点时，可能转了一圈也可能转了几圈。类比到环状铁路，从西城到东城可以花掉半个小时，但是也可以花若干个全程时间加上半个小时。因此，池田夏下车的时候，可能是8点半，也可能是9点半，甚至更晚了。

27. 谁偷走了名画

答案：是管理员丙偷的。他偷了画后，想用卫生纸揩掉自己的指纹，但时间仓促，他还是露出了马脚，那画框下面发现的一丁点废弃的纸屑就是证明。为什么能够判断这纸屑是他丢弃的呢？因为秋季的时候苍蝇是很少的，一只苍蝇在周围飞舞，说明它发现了“食物”，类比得出只有管理员丙丢弃的卫生纸上才可能招来苍蝇，因为他的手上有残留的咖啡，而咖啡中含有糖分。

28. 球场杀人案

答案：其实，约翰斯在进入场地打球之前，整个场地已经被保镖检查过了，所以，炸弹没有埋在场地中。那么，是什么炸毁约翰斯的呢？就是他正在打的球。换言之，不是远方有人用遥控在控制炸弹，而是这个人和球童是一伙的，他在用望远镜看球童，并指挥球童作案。当球童看见保镖离开后，就将用炸弹伪装的高尔夫球放在球洞上，让约翰斯击打。约翰斯反而因此引爆了炸弹球，将自己炸死。

Clue 4
先定假设，然后推理

1. 多此一举的头盔

答案：对于专业的摩托车赛手而言，并不是头盔越厚重，就越好，就代表他们越安全。因为头盔的厚重程度并不是完全与安全形成正比的。要知道，厚重的头盔虽然对头部的保护更为严密，但是，在剧烈的运动中却可能对颈椎造成较大的损伤。对这一点，同样是赛车手的卡斯迪奥应该很清楚。但是，他却送了克伦威尔一个不合适的头盔，因此，警察才对他产生怀疑。后来证明，果然是卡斯迪奥在路上设下的陷阱。他本来是嫉妒克伦威尔可以去参加比赛，就想让克伦威尔受伤，不能参赛。谁知道，克伦威尔的车速太快，居然颈椎折断，直接死去了。

2. 很久不用的枪

答案：因为警察准备从枪械方面着手推断出真实的案发经过。如果是做过保养的手枪，那么，就会在枪膛里残留擦枪油。因此，射出来的第一发子弹会沾上这些残留的油渍。如此一来，警察只需要找到第一颗子弹，也就是射向科波菲尔妻子的那颗子弹上是否有油迹就可以了。如果科波菲尔妻子身上的那颗子弹上有油，而射向仇人的那一颗没有，则可以证明科波菲尔说的是真话；反之，如果射向仇人的子弹才有油迹，那么证明科波菲尔说的是假话，他才是杀害他妻子的凶手。

3. 智官巧断案

答案：就是根据宝石的形状判断出来的。因为在这5个人中，只有朱大和不智和尚见过宝石，所以捏的形状相同，所以他们捏出来的宝石形状应该是类似的。如果另外三个人也见过宝石的话，同样也会捏出类似的宝石形状。但是，那3个证人捏出来的宝石形状各不相同，这就证明了和尚找了假证人，而找假证人只能说明和尚心虚，所以宝石并不是他的。

4. 死亡时间的推断

答案：温度计上面的温度显示是50摄氏度，这就说明温度计在摔坏之前，其刻度应该是大于等于50摄氏度的。但是，按照当时的温度来看，是不可能达到50摄氏度的高温的，那么，就说明，伊丽莎白的屋子的温度曾经在人为作用下高达过50摄氏度。因为室内温度过高，加快了伊丽莎白的尸体的腐败速度，所以，伊丽莎白的死亡时间绝不是三天前，而是比三天前晚！由此，警察可以推断出来，杰克逊医生所谓的不在场证明是假的。

5. 猜猜看谁是凶手

答案：根据上述中的假设，（1）和（2）中能适用于实际情况的只有一个。同样，（3）和（4），（5）和（6），也是一样的情况。

根据上述中的结论，（2）和（5）适用于实际情况的可能性不太大。因此，能适用于实际的情况，有以下几组中的一组或多组：

A.（1）、（4）和（5）

B.（1）、（3）和（5）

C.（1）、（4）和（6）

D.（1）、（3）和（6）

E.（2）、（4）和（6）

F.（2）、（3）和（6）

假如选项A能适用于实际情况，则根据（1）的结论，凶手是男性。根据（4）的结论，受害者是女性。可是根据（5）的假设，凶手与受害者性别相同，因此A不适用。

假如选项B能适用于实际情况，由假设可知，凶手与受害者有亲缘关系而且职业与性别一样。这与每个家庭的组成情况不相符，因此B不适用。

假如选项C能适用于实际情况，则根据有关的结论，凶手是男性，受害者是个女性医生。而根据（1）和（4）的假设，凶手是律师，凶手与受害者有亲缘关系，这与各个家庭的组成情况不相符，因此C不适用。

假如选项D能适用于实际情况，则根据（1）的结论，凶手是男性；根据（3）的结论，受害者也同样是男的；又根据（6）的假设条件，凶手与受害者的性别不一样。因此D不适用。

假如选项E能适用于实际情况，则根据（2）的结论，凶手是医生；根据（6）的结论，受害者也是医生；又根据（4）的假设条件，凶手与受害者职业不一样。因此 E 不适用。

所以，根据以上的推论，只有 F 能适用于实际情况，凶手是医生，受害者是男性医生，凶手是女性。再根据各个家庭的组成情况，凶手必定是小蒂。（2）的假设则说明，受害者是小刚。而且，（3）的假设和（2）、（6）的结论相符合。

6. 心怀鬼胎的男人

答案： 就是从胡兵急着送客的态度中看出来的。前面我们说过了，胡兵是一个谦虚礼貌、热心助人的人，既然如此，他看到王小姐在急着寻找一份文件，而这份文件还和他捡到的公文包有关。正常情况下，胡兵应该会和王小姐一起寻找。尤其是王小姐还是他的暗恋对象，这正是他表现自己的机会，他怎么会急着赶王小姐走呢？所以，王小姐觉得胡兵这样的反应是不正常的，才会觉得胡兵隐瞒了什么，并将他“诈”了出来。

7. 蹊跷的报案者

答案： 当时气温是零下 5℃，从 1500 米外的湖边跑到旅馆最快也要 5 分钟。按说这名男子的衣服上的水早该结冰了，可是他的身上湿漉漉的，一点没有结冰。他有可能是在害死朋友之后，来到旅馆附近在身上洒了些水，借以混淆视听。

8. 枪击事件的时间

答案： 作案时间是 12 时 5 分。计算方法：从最快的丙的手表（12 时 15 分）中减去最快的时间（10 分钟）就行了，或者将最慢的乙的手表（11 时 40 分）加上最慢的时间（25 分钟）也可以。

9. 颠倒的车牌号

答案： 10AU81 号是肇事车。理由是见证人从自己汽车的后视镜中看到并记录的车号恰好是相反的，左右位置颠倒了。

10. 集中抓捕行动

答案： 歹徒如果聪明，可以先把船划到湖心，看准刑警的位置，再立刻从湖心向刑警正对的对岸划。这样他只划一个半径长，刑警要跑半个圆周长，即半径的 3.14 倍，而刑警的速度是歹徒的 2.5 倍这样歹徒就能在刑警到达之前先上岸跑掉。

11. 盗墓者的自首

答案： 假如 100 这个数可以分成 25 个单数的话，那么就是说奇数个单数的和等于 100，即等于双数了，而这显然是不可能的。因此，100 幅壁画分给 25 个人，每个人都不分到双数是不可能的，显然，自首的盗墓者说了谎话。

12. 盗犯能逃脱吗

答案： 设 35 秒为一个时间单位。5 道门两次开启时间分别是 3，2，5，4，1 个时间单位，所以 5 道门同时开启的时间间隔是 60 个时间单位，即 1、2、3、4 和 5 的最小公倍数。盗窃犯穿过 5 道门的时间最多只允许有 4 个时间单位（2 分 20 秒），否则会惊动警报器。只有在一种情况下盗窃犯才有可能逃脱，那就是从第一道门开启算起，按顺序每两道相邻的门之间开启的间隔是 1 个时间单位。在警卫相邻两次出现的时间间隔内，即 0 和 60 个时间单位之间，5 道门按顺序间隔 1 个时间单位连续开启的情况只在第 33、34、35、36、37 个时间单位内会出现，它们分别是 3、2、5、4 和 1 的倍数。所以，盗窃犯只要在警卫离开的第 33 个时间单位后穿过第一道门，以后每个时间单位穿过一道门，就能在第 37 个时间单位时逃脱。

13. 博物馆失窃案

答案：买这些高级墨汁写字的人，本身的书写能力是很高的，所以，他们都能够写出类似的文字。但是，这个人之所以写不好，并不是能力不足，而是他刻意的避免写出与之相似的文字，或者说，为了不让警察看出他的字体和博物馆留下的字体一模一样，所以才故意说自己的字迹不好，反而暴露了自己。

14. 作案时的亮光

答案：人在睡眠状态下，眼睛是闭着的，这时穿过瞳孔的光线非常少。詹森太太提到尖叫后她马上睁开了眼睛，在白亮的灯光下看到了凶手的样子。但在瞳孔的通光量急剧变化的时候，人是看不清任何东西的。这就好像刚刚关灯时一切都漆黑一片，只有过一阵子眼睛适应了才会感觉到周围细微的光亮。因此，詹森太太突然睁眼，是不可能看清类似于黄皮肤，斑白的头发这些细节的，尤其是对方也在同一时间扭头跑掉的情况下。因此，詹森太太的口供存在疑点。

15. 神秘的电文

答案：处长告诉大家，“朝”不是某个人的名字，而是表示日期。这在中国古代汉语里是常见的。如果把“朝”字拆开则是“十月十日”，又有早晨之意，所以处长判断，接货时间是“10 月 10 日早晨”。

16. 藏匿赃物的小箱子

答案：斯密特探长根据带路人提供的每个箱子都有联系，而且都是 400 多号的情况，发现了其中的内在规律：两数之和的十位上的数字与第一个加数的十位上的数字相同，这就要求个位上的数字相加一定要向十位进 1，1 与第二个加数 396 十位上的 9 相加得整数 10，向百位进 1，所以两数之和的百位上的数字一定是 8。而它的十位上的数字从 0 至 9 都符合条件。因此，藏有赃物的另外 9 个箱子的号码是：408，418，438，448，458，468，478，488 和 498。

17. 谎言破案

答案：虽然格雷伪造了自杀现场，小心翼翼地编造了他从未到过此地的谎言，但他在顶楼上却知道开门的响声来自后门，这无异于不打自招。

18. 凶手可能是美国人

答案：劳伦是看了信上的日期后，才推断凶手可能是美国人。因为英国人写时间是先写日期，再写月份，但美式写法则刚好相反，是先写月份，再写日期。

19. 被撕毁的两页书

答案：嫌疑最大的是谢老实的上司林亚。因为这两个成语中，“有口难言”就是“哑”去掉“口”，是亚；“引火自焚”则是林，合起来就是林亚。

20. 徒有虚名的富翁

答案：警察的推断不正确。警方查案一般都是遵循着即时性的原则，也就是调查最新的有作案动机的人。但是，警察却忘了，作案动机也可以有很久之前的，只是最近才找到机会。在这个案例中，如果凶手是为财而来的话，为什么只杀掉了夏洛特，却将梅佳达打晕了呢？这说明，凶手不恨梅佳达，而是恨夏洛特。而且，梅佳达也说，不知道是谁说自己家得到了一笔横财的，这明显是有人故意为之。因此，这不应该是一起为财所杀的案子，而是为情所杀，凶手应该是以前喜欢梅佳达的人，因为没能赢得梅佳达的芳心而怀恨在心，枪杀了夏洛特，并制造了夏洛特暴富的流言，企图瞒天过海。

21. 浴室作案之谜

答案：紧闭浴室门在里面洗热水澡，不可能看清盗贼在镜子里的面容。因为镜子会被蒸汽熏得很模糊。所以，既然布朗小姐在说谎，那么也就没有必要帮她的忙了。

22. 南极命案

答案：死者是被陨石击中头部导致死亡的。地球上有很多陨石从宇宙飞来，往往是以惊人的时速穿过大气层，坠落到地球上。有些陨石因为速度过快，在它们快要落到地面的时候仍然是燃烧的。因此考察者死于意外。

23. 谁偷走了宝剑

答案：因为小儿子作案后害怕被人发现，所以擦去了留在宝剑上的指纹。而两位哥哥没有偷宝剑，所以不会担心宝剑上有自己的指纹。这正是做贼心虚的道理。

24. 服务员的证词

答案：就算通过锁孔可以看见房间里面，也不可能看到屋里两侧。

25. 仓库被盗之谜

答案：卡特拆下仓库天窗的两根铁栅栏后，从那里潜入盗走了箱子，然后在窗口上放了几只大蜘蛛。蜘蛛有足够的时间在凌晨织上网，因此即使铁栅栏缺了两根，仓库仍好像处于密封状态。

26. 嫌疑犯买米

答案：因为买家事先不知道米袋里是 30 斤米，就算米店老板告诉买家米袋里剩 30 斤米，出于防骗心理，买家也是不会相信的。所以老板想用最快速度卖给一个人，只能卖给买 10 斤大米的人而不会卖给要称 25 斤大米的人。因为卖家这样做的话，只需要用米斗称 10 下就可以了。可是如果要卖给嫌疑犯的话，出于不信任，卖家就需要用米斗称 25 下，更浪费时间。由此警察知道犯罪嫌疑人在说谎。

27. 局长是想跳楼自杀吗

答案：如果警察的推测是正确的话，就是说，有人在拿枪追杀亚瑟局长，而亚瑟局长为了躲避子弹而在楼顶疯跑。可是，因为没有人看到有其他人在，只看到亚瑟局长一个人，所以，我们可以推测，是有人使用长程武器在追杀亚瑟局长。亚瑟局长为了活命，就想要跳到对面的楼顶上去，结果在助跑的阶段被子弹打中，阻碍了他的运动，直接掉了下去。

28. 三个嫌疑犯谁说了真话

答案：根据法官之前的推测，如果大卫是盗窃犯，那么大卫是说假话的人，这样他必然说自己不是盗窃犯；如果大卫不是盗窃犯，那么大卫是说真话的，这样他必然也说自己不是盗窃犯。

Clue 5
雾里看花，迂回行进

1. 纪念馆的难题

答案：调查人员运用纵向思维，一步一步找到了问题的所在。最简单的方法就是把屋内的窗帘拉上，如此一来，就能避免阳光照射，进而减少小飞虫的繁殖。这样就能从根本上解决纪念馆的难题了。

2. 吞蛋送命

答案：赵三把鸡蛋浸在酸中一段时间，然后，将小钢针慢慢刺入蛋里。这时，蛋壳的石灰质被酸浸解，变得软而略带韧性。钢针刺进时，蛋壳不会破裂。待钢针完全刺入蛋内，蛋壳便自动封口，这时再将鸡蛋拿出来，让酸挥发掉，鸡蛋就和正常的鸡蛋一样了。

3. 恶棍是怎么赶上公车的

答案：事实并非如此。交通工具既可以是没有生命的，也可以是有生命的。其实恶棍骑着马赶到了车站附近，接着又把马扔在那里坐车走了。但马认识路，自己又顶开弹簧门回到了马厩里。

4. 因酒被抓的窃贼

答案：福特侦探让海明威写一份公开信，信中是这样写的："我因受命于一个私人团体，研究出阻断细胞分裂的无机化合物，对方以此为基础，勾兑了用于肮脏目的的假酒。而这假酒的样品昨天却失窃了。我不希望这瓶样品酒带给别人伤害，如果公众中有谁有兴趣，可以到我书房索取对该化合物的中和剂。"华生看到这个公告，担心自己误喝了"样品酒"而送命，肯定会去书房盗取中和剂，就这样，海明威就抓到华生偷东西的证据了。

5. 虚假爱情故事

答案：金妮是梅迪娜唯一的好朋友，她自然知道好友的很多事情，如梅迪娜喜欢什么类型的男人、向往什么样的爱情。同样地，梅迪娜的母亲也是知道的。当梅迪娜喜欢的那个男人消失后，梅迪娜陷入情网之中，自然无心恋爱，也更不会嫁人了。那么，梅迪娜不嫁，收益的人是谁呢？就是她的亲生母亲和继父。所以，金妮怀疑，是有人刻意安排这个男人与梅迪娜见面，并让这个男人扮演了梅迪娜很喜欢的"梦中情人"的样子，让梅迪娜陷入爱情之中，并在梅迪娜答应求婚后让这个男人消失，从而让信守誓言的梅迪娜非情郎不嫁。就这样，梅迪娜每个月从亲生父亲那里集成的遗产都会流入梅迪娜的母亲和继父的腰包中。警察正是通过调查，发现这些事情都是梅迪娜的继父安排的，而梅迪娜继父的行为已经构成了诈骗，所以才能将梅迪娜的家人收押入狱。

6. 破碎的杯子

答案：小王运用纵向思维解决了这个难题。首先，他找来一杆秤，先称出一个完好杯子的重量。其次，称出篮子里所有杯子的总重量。再次，用总重量除以一个好杯子的重量，就能得知杯子的数量。最后，这个数量减去完好杯子的数量，按数赔偿就可以了。

7. 装修房子的秘密

答案：因为塔西亚正在装修自己的房子，才引起了警察的怀疑。塔西亚的房子是新房子，按理说是装修好的，那么，他又重新装修，只能说自己对房子的室内环境不满意。那么，塔西亚为什么不满意呢？再说了，装修房子可以，有必要新买一套沙发吗？所以，警察怀疑，塔西亚杀了爱德华，弄脏了房子和沙发，所以，塔西亚才会重新装修房子，并买了新的沙发。

8. “隐形”的眼镜

答案：关于这个案件，我们可以逆向推理一下。我们知道，布鲁斯是从眼镜上找到线索的，这说明眼镜上一定有与凶手有关的信息。但是，这种信息却没有被警察检测出来，这说明这个线索不是技术性的线索，而是精神性的线索。也就是说，这个线索通过技术检测、物理检测是检测不出来的，需要一个人发散思维，通过迂回的方式才找到这个线索。而且，布鲁斯还意识到，唐尼是在浴室突然遇袭的，他没有时间对眼镜动手脚，肯定是在遇害的当下在眼镜上做了些什么。于是，布鲁斯直接还原了一下唐尼遇害的场景，打开淋浴，并把眼镜放在浴室中。果然，当雾气逐渐爬上眼镜的玻璃镜片的时候，布鲁斯就看到了镜片上出现的文字，这是唐尼在情急之下用指甲在透明的玻璃镜片上划出来的。如果不是这种方式，布鲁斯还真的找不出这个线索。

9. 不穿上衣的男人

答案：查尔斯没有在公报私仇，而是他发现约翰很可疑。很多人面对警察的来访，都比较紧张，也会很严肃，会自然地穿上衣服接受警察的调查。但是，约翰却赤裸上身见警察，难道是他没有礼貌吗？不是，他之所以这样做，是因为他被晒伤了。但是，如果真像约翰说的那样，他在备考的话，又怎么会被晒伤呢？这说明，约翰在说谎。他应该和强尼一起去出海了，并因为一些原因杀害了强尼。长时间在烈日下的航行，让约翰上身被严重晒伤，所以他才不能穿上衣。

10. 当局者迷

答案：在第一次让张大大认字的时候，由于拿出来的只是零星几个字，张大大无法确定这是不是自己的字，但他为了诬陷和大人，就说这不是自己的字，然后他根据王一的表情，推断自己的判断是正确的，所以，在第二次的时候，再加上书信内容，他就觉得这应该是自己写过的书信。其实，张大大忘记了一点，如果他会模仿和大人的字，那也说明，和大人也能模仿他的字。再加上王一故意用自己的表情迷惑了张大大，以及书信中的内容，都让张大大放松戒备，露出马脚。

11. 强盗的宝藏

答案：首先，在商人被带上山寨的那天，地面泥泞，山贼穿着适合在泥地里行走的草鞋。泥泞的原因是因为天上大量的降雨。其次，降雨则是因为湿润的空气。在岭南地区，只有从南向北运动的空气才能从海面带来充足的降水，并随着地面的升高，在南坡形成大量降雨。所以，师爷根据以上的推论，确定宝藏就在南坡上。

12. 他杀的证据

答案：女明星在医生查房时吃了安眠药后，睡着了，睡着的病人是不可能自己去跳窗自杀的。

13. 灭口案

答案：因为如果那被害的女子是自己踩凳子上吊的，那么凳子上一定会留下她的脚掌纹。

14. 不是自杀

答案：一支挥发性强的油笔如果没有套上笔套放了三天，里面的墨水早就已经干了，是不可能写出字的，但这支笔仍可以流畅书写，证明它放在这里的时间不长。因此，自杀还是他杀也就一目了然了。

15. 杀妻的男人

答案：如果是开枪自杀，死者手上、袖口都会粘上火药微粒，石蜡凝固以后可以检验出是否有火药微粒残留物。

16. 熔化的巧克力

答案：秘书杀死博士，并造成他自杀的假象，然后用电热毯将吊着的尸体紧裹着，一切弄妥之后才去接罗斯福。3 小时后，秘书与罗尔一起回到研究所。他让罗尔在会客室等候，自己走上二楼，迅速把电热毯取下铺到床上。这样即使死去了 3 个小时，尸体也不会变凉。但是由于放在口袋里的巧克力也随着身体一起变暖而熔化，因此，罗尔识破了秘书的诡计。

17. 马戏团的凶杀案

答案：罪犯就是梅丽。她自称血迹是“刚才在他身上蹭到的”，可那时拉特已死了七八个小时，他的血已经干了，不可能蹭到她的袖子上。

18. 那个人就是罪犯

答案：阿格瑟确定那人是罪犯，因为他知道失窃的是珠宝店，而阿格瑟一直未向那人提过这一点。

19. 流浪汉竟是间谍

答案：吉姆斯说的那番话，用的是德语。他从“流浪汉”露出的笑容中，发现了破绽。吉姆斯利用人的潜意识心理，转移德国间谍的注意力，通过假释放使他在无意之中露出得意忘形之色，这是一场典型的心理战。

20. 找到窃贼

答案：其实员工们的草棍是一样长的。劳思故意说有一根稍长一些，小偷做贼心虚，怕当众出丑，就把自己的草棍掐去一截，这样唯有他的那根草棍比别人短一截，正好露出了马脚。

21. 警员与警长的不同

答案：医生将病人抬上救护车时，必须是先进头，后进身体。歹徒做得正好相反，所以被警长识破了。

22. 银行抢劫案

答案：按斯通先生的叙述，他们在回银行的路上，不应该先看到钱袋，再来到他逃走的地方，因为钱袋是在斯通先生逃走之前扔掉的。所以，斯通先生说的是假话，他肯定参与了这起抢劫案。

23. 谍报员面对定时炸弹

答案：让闹钟停下就可以了。谍报员用打火机将闹钟字盘的外壳烧化，再用速干胶从洞中伸进去将指针固定住。只要指针不动，无论什么时候也到不了4点30分，炸弹也就不会引爆。

24. 大侦探罗波

答案：那个人说他听到长颈鹿的嘶鸣后才被尸体绊了一跤，但是所有的长颈鹿都是哑巴，它们根本不会发出嘶鸣。他如果不是凶手，就不会编造假话。

25. 究竟发生了什么

答案：波洛在雪地上只看到了杜弗斯留下的脚印。他还看到，积雪从谷仓的屋顶不停地滑落下来，掉在了杜弗斯认为自己被袭击的地方。原来，可怜的杜弗斯把雪落下来的声音误认为是外人闯入的声音，而且被从屋顶掉下来的雪砸伤了。

26. 纽扣的离奇失踪案

答案：学过化学的都知道，锡有个特性，就是当它在零下13.2℃的时候，它的体积会骤然膨胀，令它的原子结构加大，变成另一种结晶形状的灰锡，也就是大臣和沙皇看到的松散的灰色粉末。而当时气温已到零下30℃，怎么还能期望锡纽扣不失踪呢？

27. 怪盗传递信件

答案：原来，西夫在危急之中，摆脱了以往人们总是用手去传递信件的思维定式，他爬出窗口，脱了鞋，用手拉着窗框，把信件夹在脚趾上伸出去；他的同伙也如法炮制，用脚趾接信件。因为脚比手长，所以他们成功了。

Clue 6
多条线索，缜密分析

1. 沉入湖底的车子

答案：驾驶席的位置是关键。坐在车内驾驶席上溺死的多姆妻子比多姆矮了30多厘米，但从湖底打捞起来的车子，其驾驶席位置对个子小的她而言，太远了点儿。警察看到尸体时，对这一点无法理解。如果真的由她驾驶，她应该将位置调至容易驾驶的距离。当时的位置，适合身材高的人驾驶。换言之，犯人多姆在将妻子移上驾驶席时，忘了调整座位的距离，以致露出了致命的破绽。

2. 寻找古董店大盗

答案：是莱格。他暴露出古画卷是藏在盒子里被偷走的，而且还知道店里有钱箱被撬。此外，他在短文里写的几乎所有的行动都跟事实相反，显然是故意隐瞒。

3. 纵火犯到底是谁

答案：亨利万万没有想到，纵火案的罪魁祸首竟然是他自己。在外出的这些天里，他将小猫关在屋里，但却忘了给它足够的食物。猫咪饿极了，只好去寻觅吃的，当它看到放在书架上的鱼缸里的小鱼时，就奋力起身抓鱼。鱼缸在小猫的抓捕下掉落下来，洒出来的水刚好浇在席子上的生石灰上，生石灰遇水发生化学反应，产生了高热燃着了干燥的席子和书架上的书籍，进而引起了火灾。而生石灰则是他用来防潮的干燥剂。

4. 现场调查记录

答案：帕克作案时一直戴着手套，打字机上不仅没有留下指纹，还将奥威尔本人的指纹磨掉了。这样一来，打字机上既没有奥威尔的指纹也没有帕克的指纹，所以警察断定遗书上的字不是奥威尔所打印，并且推断出奥威尔不是自杀。

5. 消失的手枪

答案：利用竹的特性。马哈德先在竹子的顶端系了一根绳子，将绳子拉过来，在另一端以胶带贴住手枪之后，他便扣扳机自杀。具有韧性的竹子在他的手一松开之后，便会恢复原来的状态，手枪也会在空中呈弧形弹出。离心力使手枪离开了胶带，飞往远处，落在竹林对面的池塘中。如此一来，凶器就会落在距离尸体遥远之处，达到伪装成他杀的效果。

6. 报案的秘书

答案：卧室里铺了厚厚的土耳其驼毛地毯，秘书却说从话筒里听到凶手的脚步声，说明她是在撒谎。

7. 莫名其妙的爆炸声

答案：犯人约被害人到有积雪的运动场，然后启动遥控飞机。这种遥控飞机头部有水上飞机浮舟般的东西，尖端则为铁制的。被害人察觉到遥控飞机向自己飞过来，吓得拼命逃命。但犯人从观众台上操纵模型飞机，被害人怎么躲得过呢？遥控飞机以时速100公里的速度，冲撞被害人的头部，导致被害人死亡。而遥控飞机碎片被积雪掩埋了，警方自然找不到线索。

8. 走错楼层的人

答案：小伙子敲门露了馅儿。因为3、4两层全是单人间，任何一个房客走进自己房间时，都不会先敲房门的。

9. 庆功宴上的惨案

答案：四氯化碳是一种无色无味的液体，常被用于衣服的干洗。但是当人饮酒过度时，一旦吸入这种气体，便很容易导致中毒，甚至死亡。并且，死亡时不会留下明显的证据，往往被误作酒精中毒死亡。为了让马修吸入这种气体，马诺故意在他的领带上溅了调味汁。酒醉了的马修用弟弟和弟妹介绍的这种干洗剂擦拭领带上的污迹时，吸入了足量的四氯化碳有毒气体，导致的死亡。

10. 浇花的嫌疑犯

答案：水管被卡车前轮压住，水管出口一定会停水，而亨德利先生却说未出现什么异常，只能说明他在撒谎。

11. 完好如初的案发现场

答案：迈克尔一开始就声称除了电话什么也没碰过，并且说卡罗冲动地拉开抽屉，拿出手枪向他射击。但是，就算一个最稳重细致的人，在当时情形下也不可能先关上抽屉再开枪，可抽屉却是关着的。通过归纳推理可以得出，迈克尔有作案嫌疑。

12. 真正的犯人

答案：罪犯是马丁森。他从叔父家回去前，最后进入书房，这便是证据。他从书房出来时，关上灯头上的开关，或者摘下电灯泡。他走后，博士进入书房，他按下墙上的开关，电灯不亮，于是，他便去打开灯头上的开关，或者换上新的灯泡，把电灯弄亮。这时，不管怎样，博士都站在电灯的正下方。从书房的窗户看到电灯亮的瞬间，被害人肯定在电灯的正下方，即使窗上没映出影子，罪犯也能瞄准射击。当然，书房的电灯在什么位置，则是事先已测定好的。

13. 火车站突发事件

答案：火车进站的时候，由于车速很快，所以会在火车周围形成强大的低气压，但是这样的气压不会将人向后吹倒，反而会把穿宽大衣服的人吸过去。因此，女子显然是在说谎。而且她送父亲到新奥尔良治病，竟然没有携带任何行李，这更让人怀疑她早有预谋，治病只是个幌子而已。

14. 被遗忘的微小证据

答案：小证物袋里装的是乔治嚼后吐到大门外的口香糖。因为口香糖上面有他的唾液及齿型。而且，口香糖刚吐弃不久，表明时间过去不是很长。

15. 头号嫌疑人是谁

答案：牙科医生的嫌疑最大。因为在治疗过程中，患者都会张着大口，而且一般都闭着眼睛，所以将枪抵入其嘴中是很容易的。即使枪身碰到口腔，对方也会以为是治疗器具而不去理会。被害人每次去看牙时，从牙科医生那里取毒品。当被害人贩毒受到警方注意后，其团伙决定干掉他。牙科医生在有隔音设备的治疗室中将其杀害，然后再将其移到被害人的住宅。

16. 找不到的凶器

答案：库伯是个航模运动员，他杀妻后将凶器放在航模上，然后遥控航模飞行到酒店屋顶后抛下凶器，所以警探在现场找不到凶器。

17. 睿智的女侦探

答案：在落地窗前，探长看到早晨的太阳悬在窗前上空，因而得知落地窗面朝东方，贝蒂夫人在天亮前 4 点钟看到月光映在窗帘上的人影，这是不可能的。

18. 缉拿谋害教授的真凶

答案：凶手是教授的秘书。秘书盗窃了机密资料，受到教授的怀疑，所以，给探长和教授沏了咖啡后，她就用软木塞堵住水壶嘴，并将毒针插到软木塞上，然后将水壶继续放在火炉上。水开了后，蒸汽将软木塞推出来，毒针便刺中了教授后颈。

19. 子弹的启示

答案：从妇人的话中可得知，凶手是在门口向她丈夫开的枪。按照这个妇人的话来推理，子弹壳就应该落在走廊上，而不是落在房间的地毯上，所以基德警长才让警务人员把她带回警署进行审讯。

20. 被人识破的吹牛侦探

答案：有常识的人都知道，在池塘中如果能看到人的倒影的话，那么水中的影子除了自己的身影之外，就是比自己更接近水面的人，而不会是身后的人。而且，如果阿尔法想要转身袭击疑犯，他自己被推下水的可能性更大，又怎么会制服住他人呢？

21. 电视破案

答案：飞机起飞的时候，会干扰到电磁波，导致电视出现雪花效果。如果斯蒂森案发时间在家看电视，就一定能发觉此事。所以警方认定斯蒂森在说假话。

22. 东京杀人案

答案：死者头部中枪会立即死亡，是没有时间做记号的。并且墙上的字母那么明显，凶手怎么会看不见？字母是凶手故意用死者指纹留下的，凶手这样做是为了扰乱警察的破案方向。

23. 左撇子

答案：如果莫尔早上到过家，那么院子里肯定会有他的脚印。

24. 马群边的尸体

答案：哥哥杀死弟弟以后正是早上7点左右，也是马儿吃草的时间，哥哥把尸体放在马背上，马群在头马的带领下奔向草原，因为路上颠簸，最后尸体掉在了警察发现的地方。所以看似哥哥有不在场证明，实际上这个证明也是有漏洞的。

25. 情杀案件

答案：其实孟娜把剧毒涂在了食指上，她在把酒杯递给艾伦时故意把食指弄进了酒杯，因此艾伦在喝完酒以后毒发身亡。

26. 谁下的毒

答案：按死者的弟弟所讲，这壶茶已经沏过2个多小时了，那壶中是不可能有漂浮在水面上的茶叶的。所以可以推断出，一定是有人将有毒的茶倒掉，再重新沏上了一壶冒充未喝完的茶，而需要做这番手脚的只有死者的弟弟。

27. 转移作案现场

答案：皮特往返的脚印不同。扛着尸体时重量增大，所以留在雪地上的脚印就比较深，而返回时皮特是空手而归，脚印就比较浅。警察根据这点断定皮特就是凶手。

28. 有毒的可乐

答案：把可乐从冰箱里取出后，由于温度差异，纸上不应该是干的。所以可能是凶手从外面拿到有毒的可乐后，逼迫丽斯喝掉，然后伪造的现场。

Clue 7
发散思维，解决难题

1. 被识破的伪装

答案：迪伦曾经在侦破案件时与艾米打过交道，他识破了老女人的真面目，于是叫来餐厅的服务生，点了一杯可乐，之后用马克笔在玻璃杯上写了“老妇人是艾米”几个字，然后让服务生端给警官。警官一开始毫不在意地喝可乐，当喝到2/3时看到了杯子壁上的文字，这才知道了真相。

2. 未融化的冰咖啡

答案：利用干冰作案。犯人将干冰置于冰筒中带至现场，杀死被害人之后，将干冰放入冰咖啡杯，再行离去。如此一来，冰咖啡立即结冻，即使过了2小时，也有尚未融化的冰块，他想以此混淆犯罪时刻。

3. 为了父亲的爱

答案：我们看文中的描述，可以得知哈利是个鲁莽的青年，经常和人打架。但是，绑匪在劫持他的时候，他却没怎么反抗就跟绑匪上车了。而且，很明显的是，绑匪知道他的行踪。由此，我们可以推断出绑匪与哈利熟识。同时，劫持哈利的人，在劫持过程中并没有对这个嚣张的家伙做任何实质性的伤害。他们完全可以用棍棒将哈利敲晕，再安全地绑上车，但他们没有这么做。所以，其实这就是哈利自导自演的一场戏，目的是让比利亚多将重心放在家庭上，多关心他这个小儿子，而不是总忙于事业。

4. 谜一样的白色康乃馨

答案：犯人是亨利·柯林兹。五月的第二个星期天是母亲节。在美国，这一天，有母亲的孩子戴红色康乃馨，没有母亲的孩子戴白色康乃馨，以赞美、感谢母亲的爱。被害人在花园被刺时，为了暗示犯人没有母亲，于是摘下了白色康乃馨握在手上。

5. 枫叶的秘密

答案：犯人是安·莫利斯。村上教授在假山旁被刺倒地的瞬间，正好发现地面散落一地枫叶，他立即抓紧一片，暗示凶手是加拿大人。为什么呢？因为加拿大的国旗上有枫叶图案，以此暗示犯人的国籍。

6. 旅客半路失踪之谜

答案：遗留物中没有车票和卧铺票就是证据。如果是在深夜穿着睡衣被绑架了，或者在车站被丢下车，那么车票会留在西服的口袋里。由此看来，此人一定是准备了另一套衣服。他换上衣服后，拿着睡衣在中转站悄悄下车，并且躲了起来。

7. 被打破的玻璃橱窗

答案：凶器是玻璃的碎片。犯人投掷与橱窗玻璃相同厚度的玻璃碎片，若以水平方向，且足够用力的话，足足可以使宽广的橱窗玻璃破裂。因此，凶器与破碎的橱窗玻璃混在一起，再怎么搜查也难找到证据。有这么一句格言：“要藏匿小树枝的话，将之弃于森林中即可。”就是利用这样的技巧。

8. 数学家手中的钥匙圈

答案：数学家死前手中紧紧攥着的钥匙圈暗示了一条线索。詹姆斯探长在思考的时候，将钥匙圈和数学家的特点结合到一起，便得到了灵感。钥匙圈是圆形的，看着它，探长联想到了圆周率 3.14，而数学家的房间门牌号是 313，所以警长想到，数学家很有可能在告诉警方，杀害他的人住在 314 号房间。

9. 录音机是谁安放的

答案：是清洁工，他穿的是网球鞋，所以录音带上不会留下穿皮鞋的脚步声。而女秘书穿的是高跟鞋，如果是她作案，录音机上一定会留下高跟鞋的脚步声，因为她最终要取走录音机，不会担心脚步声被录下来而轻轻走路。

10. 神秘方块 Q 的暗示

答案：凶手是宠物医院的院长。扑克牌里的方块 Q 代表女王，也就是女人。三个嫌疑犯中只有宠物医院的院长是女性。被害人为了暗示凶手是女人，所以临死前抓住了方块 Q 这张牌。

11. 音乐家的无字遗嘱

答案：其实，阿尔法的妻子为了保住遗产，故意把没有墨水的钢笔递给他。由于库尔和阿尔法都是盲人，自然没有发现，没有字的纸最终被当成遗书保存下来。

可是，虽然没有字迹，但钢笔划过白纸留下的盲文笔迹仍然存在，如果仔细鉴定是可以分辨出来的，所以遗嘱仍然有效。

12. 船长遇害之谜

答案：经过归纳相关信息，如蜡烛的上端呈水平状态，可知，船在触礁倾斜时，蜡烛尚在燃烧。海水的涨潮与退潮之间总共隔着 6 个小时，轮流变化着。这艘船被发现时为上午 9 点，此时刚刚退潮。由此可知，此次退潮与上次退潮之间只涨过一次潮。由此可归纳得出，船是在昨晚 9 点左右触礁倾斜的，而凶手也是在此刻下手的。

13. 跳崖者的眼镜

答案：探长凭着仔细入微的观察，发现尸体的鼻梁上架着一副太阳镜。假如是自杀的话，由悬崖上跳下来的时候，眼镜应该会摔个粉碎，不可能还架在鼻梁上，这极不合逻辑。

14. 赌徒的破绽

答案：琼斯虽然撕走了桌子上的纸条，但由于叔叔用的是复写纸，所以在第二页纸上留有印痕。探长根据这个线索发现了他是凶手。

15. 小姑娘取暖搬救兵

答案：小姑娘先是把油灯点燃，烧着炉灶，制造自己真的在取暖的假象。然后，拿着引火石来到后院，用引火石把院子里存留的过冬的柴火点着了。没过一会儿，火苗就呼呼地往上蹿，然后借着风势，火越来越大，把后院的小半个天空都烧红了。村上的其他人看见火光，纷纷惊醒，以为失火了，于是急忙拎着水桶、拿着工具来救火。等到这里才发现，原来是有强盗，于是合力把强盗制服了。

16. 两个“好”故事

答案：其实，真正和“好”字拉上关系的两个人，应该是没有问题的，也就是说，名字叫陈好的人和因为被称为“老好人”而怀疑的老友迪恩都不是凶手，只有看似和“好”字无关的佳佳嫌疑最大。这是因为她的名字有好字的含义，就字面意思也能肯定她是疑凶；而且，“好”字拆开后分别是“女”“子”，所以全句的意思应该是：“小心女子，女子是杀我的凶手。”

17.“MN”的秘密

答案：记账员被逼到门前时，背对着门站立，他此时把拿笔的右手绕到背后，在门板上写下凶手的姓名的头两个字。手放在背后写的字上下左右都会反过来，NM 就变成 MN 了。

18. 拿走了一颗珍珠

答案：盗窃要的不是珍珠，而是那个首饰盒！这个窃贼其实是卢米埃尔首饰盒的另一个收藏家。他自己的首饰盒上的锁坏了，所以他计划将自己的首饰盒跟福斯特的首饰盒调包。为了不让福斯特先生起疑心，他仿造了一个珍珠项圈（不幸的是，仿造的项圈只有 99 颗珍珠），然后在宴会中趁人不备，换走了福斯特的首饰盒。威尔侦探手上的名单就是卢米埃尔首饰盒收藏者的名单。当他发现这份名单上的一个名字同样出现在福斯特的客人名单中时，他认为这个人就是窃贼。

19. 元宝断案

答案：元宝特意选在更夫走到屋子外的时候点亮了灯盏，这样一来强盗拿着刀的影子就很清楚地映在了窗户上，这就给更夫提供了一个最好的暗示，所以更夫知道了屋子里有强盗。

20. 潜入别墅

答案：因为附近的人都知道鲍勃的别墅冬天是不住人的。两个淘气的小朋友为了取暖点燃了壁炉，这样从外面就可以看到烟囱里冒出的烟。

21. 半路拦截

答案：那位女子在黑夜中，一眼便从倒车镜里看清了后面开车的人是自己的丈夫，这显然是在说谎。当一辆汽车紧随其后，开着前灯的时候，我们根本看不清车里是什么样子，反倒会觉得很刺眼。所以，这二人的谎言就不攻自破了。

22. 救生筏上的死者

答案：两人在争夺食物搏斗的过程中，将皮筏刺破了，乘客将船长杀死，却必须用手堵住破口，于是就活活被饿死了。

23. 血手印

答案：当我们把双手按在平板上的时候，只有8根手指的指肚能够清晰地印在上面，而其余的2个拇指指肚，由于它们的方向是朝向内侧，所以无法将指纹印在墙上。这就是邦德警长确信墙上的指纹不是凶手的真正原因。

24. 被电死的盗贼

答案：盗贼是被电死的，警察在勘查时已经确信无疑，但是电源已被切断，盗贼怎么会被电死呢？难道说，鱼身上会产生电吗？对，地板上躺着的是产于非洲的电鳗！这种电鳗可以产生650 ~ 850伏的电压，足以致人丧命。鱼缸碎后，黑暗中的电鳗便爬到地板上，碰到了盗贼的身体，电鳗受到惊吓而放电，致使盗贼触电死亡。

25. 聪明的女儿

答案：贾雅什丽让人把这4人分别安置在4个房间里，然后，贾雅什丽把自己打扮得漂漂亮亮的，分别来到王子、婆罗门的儿子、木匠的儿子的房间里，对他们说，她对他们一见钟情，只要他们能拿出彩礼，便嫁给他们。可是他们都表示现在身无分文，只有等案子结束。当她去到商人的儿子的房间时，他迫不及待地从裤子里取出了4颗珍珠作为彩礼要娶贾雅什丽。贾雅什丽马上把珍珠交给了父亲，并指出商人的儿子就是私吞珍珠的贪污犯。

Clue 8
世间万物，皆有联系

1. 碎纸屑揭发的罪行

答案：鲍勃进入房间内时，将一只信鸽装在纸袋内一起带入。偷到邮票后，将邮票装入信鸽的脚罐中，再从窗户放走信鸽。之后，他将纸袋撕碎，放入口袋。如此一来，邮票便能借由信鸽送回住处。就算自己在现场被捕，也不必担心被搜身。既然搜不到赃物，也就洗刷了嫌疑。摩斯警探正是发现碎纸屑上有些许鸟粪，才想到他是利用信鸽盗窃。

2. 消失不见的作案工具

答案：罪犯用结实的纸绳将手枪捆到木屐上扔到河中。这样一来，木屐就代替了浮袋，小型手枪也就不至于沉到河底，而是顺水漂向下游。不久，纸绳湿透后便断了，手枪失去浮力，也就沉入河底，但此时已是离桥很远的下游，所以无须担心被发现。恰巧这天夜里没有月亮，夜色漆黑，警察自然看不见手枪在河面上漂走的情形。

3. 本是同根生，相煎何太急

答案：警方在被子残片上发现了白磷。白磷是化学物质，燃点非常低，埃里克在弟弟睡觉之前往被子上涂抹了白磷。

因为埃里克知道，冬天睡觉要开空调。这样一来，高温会引起白磷自燃，弟弟便会被烧死。

4. 凶手的人选

答案：凶手极有可能就是送牛奶的人。因为他知道辛普森太太已经遇害，在之后的几天里他才不再到这里送牛奶，而送报纸的人显然不知道这一点，每天仍然准时把报纸送来。因此，送报纸的人虽然每天都来，却因此被排除了嫌疑。送牛奶的人作案后，显然没有想到这桩凶案在十多天以后才被人发现，他只留下两瓶牛奶便再也不来的行为恰恰暴露了自己的罪行。

5. 音乐破案

答案：这部微型录音机里的磁带开头录着轻松柔和的华尔兹乐曲，可这首乐曲中间突兀地插了一段节奏紧张且刺激性强的流行音乐。毒蜂在听到轻松柔和的乐曲时表现得温顺老实，当突然听到强刺激的音乐时，便马上兴奋起来，野性大发。犯罪嫌疑人趁被害人睡午觉的时候，利用毒蜂的这种习性，在录音机里装上这盘磁带，让毒蜂袭击了他。

6. 真假录音带

答案：凶手不是大卫，他是清白的，因为当警察按下微型录音机的时候，录音机里的带子是从头开始播放的。如果确实是记录乔治被害现场的录音，在乔治被害后还会继续向后录，直到带子用完为止。从开始放的录音说明有人将带子倒过来听过，如果凶手真的是大卫的话，他一定会将这份对自己不利的证据毁掉。

7. 凶手如何巧留鞋印

答案：原来，3 个月前，当安德鲁看到亚德里希买鞋的时候，自己也买了一双一模一样的鞋子。安德鲁趁亚德里希不注意，每隔一天就将这双鞋子偷偷换给他穿。由于这两双鞋是轮流穿的，所以鞋子的磨损状况是相同的。案发当日，安德鲁穿着其中一双鞋子偷偷溜到艾伦家里，趁其不备将他杀死，又故意在院子里留下脚印。第二天，他又将这双鞋子与亚德里希的那双鞋对调，并将对调回的鞋子丢弃，从而毁灭了作案证据。

8. 金发告知的秘密

答案：虽然凯特手里的金发经化验是罗恩的，但罗恩是昨天上午剪的头发，刚刚被剪的发梢完全是新的，可凯特手中的发梢却是圆的，说明死者手里面的发丝是很久之前的。瓦尔德由此推出：凶手偷走罗恩的几根头发，然后嫁祸于他，混淆警方视线，从而达到借刀杀人的目的。

9. 空的保险柜

答案：那盆绿色植物，如果 4 天之久不被移动，它的叶片应该倾向阳光，而现在叶片倾向墙壁，说明被人移动过。窗子的里边锁着，而只有索尼有钥匙，所以移开花盆打算秘密打开保险柜的就是他。

10. 夫妻双盗被捕事件

答案：其实这两对夫妻都可疑。不过，相对而言后一对夫妻更值得怀疑。首先，我们知道男女大盗只是同伙，而不是真正的夫妻，他们之间还有利益冲突。因此，他们盗窃来的财物不可能只由一个人持有。假设第一对夫妻是大盗，他们的财物却全放在男人手中的行李箱里，这是矛盾的。因此他们很难是大盗。相对地，另一对夫妻表面上看没什么特别的，却是人手一个很大却没装什么东西的行李箱。如果行李箱没有什么东西可装，为什么要分成两个箱子呢？为什么不放在一个箱子里好让丈夫拿呢？毕竟他们那么恩爱，丈夫不可能想不到这一点。再联想到大盗之间的利益纠葛，后一对夫妻的嫌疑就要大许多了。因此，值得把后一对夫妻监控上报。

11. 落花的启示

答案：还可以有其他的解释。假设花叶是安妮小姐出门前自己清理的，那么对案情没有任何提示性的帮助，因此略过；之后假设是其他人清理掉的，那么他是谁，为什么要清理掉这些花叶呢？很可能是这些掉落的花叶会对他不利，他才会清理掉。那么为什么会对他不利呢？很可能是能够证明他是凶手的证据，如上面沾到了血迹等。根据这一连串的假设推理，警方找到了新的线索，并最终将安妮小姐的情人抓获。后来证明是他在窗边误杀了安妮小姐，后来清理了案发处留下的血迹，又把尸体转移到停车场，伪造成一起谋财杀人案。

12. 聪明的男孩

答案：如果看到过蟑螂的尸体，就应该注意到，蟑螂在自然死亡时肚皮是朝上的。可是，本杰明看到的蟑螂的尸体却是背朝上的。可惜雅各布懂得的昆虫学知识太少，结果被本杰明看出了破绽。

13. 藏珠宝的罐头

答案：女警官拿来一块木板，搁置一定坡度，将12只罐头并列在木板上滚动，发现其中一只滚得较慢，即珠宝罐头。

14. 粗心的警察

答案：怀表指针停在4时21分49秒。我们可以观察到，在12个小时内，时针与分针有11次重合的机会。时针的速度又是分针的1/12。因此。继上一次重合之后，每隔1小时5分27又8/11秒，时针和分针才能再度重合一次。

耐心地计算，午夜零点以后两针重合的时间应该是：（1）1时5分27又3/11秒，（2）2时10分54又6/11秒，（3）3时16分21又9/11秒，（4）4时21分49又1/11秒。因此，怀表指针停的位置不外乎以上4种情况，而那个粗心的警察看到秒针停在有斑点的地方正好是49秒处，因此之前怀表的指针停在4时21分49秒。

15. 侦探波洛

答案：很简单，波洛并没有指明罗丝的哪只脚受了伤，伊丽莎白却已经知道她伤了右脚，证明她知道罗丝被打伤，可她却撒谎说睡着了。原来，她是为了除去情敌，才故意用猎枪打伤罗丝的。

16. 大力士之死

答案：不管一个人的力气有多大，也不能把自己掐死。因为，当一个人把自己掐昏后，手就会自然地松开了，用不了多久，他还会缓过气来的。

17. 政府办公室被盗

答案：农夫在撒谎。只有野鸭才会孵蛋，家养的鸭子经过长期的人工选育已经退化，是不会孵蛋的。

18. 妹夫之死

答案：约翰有3个妹夫，当迈克警官给约翰打电话的时候，并没有告诉他是哪个妹夫死了，但约翰直接说出了辛格的名字。

19. 数字密码

答案：犯罪嫌疑人为了隐蔽自己，在电文中没有使用明白的文字，而是利用了音乐简谱中的四个音符“1257”作为密码，即谐音“都来收息”，通知他的同伙们到他家分赃款。警察就是根据这样的消息，判断出发报人就是犯罪嫌疑人的。

20. 头发泄密

答案：因为保姆说洗完澡就直接给艾尔利德送牛奶，那么从发现艾尔利德死到警察赶到现场也就10分钟左右，可警长却发现保姆的头发没有任何沾湿的迹象。从常理来讲刚洗完澡头发不应该是干的，所以警长逮捕了保姆。

21. 神偷马丁

答案：拍卖会长是一个人在车厢里检查匕首。他易容成拍卖会长的样子，利用检查环节偷走匕首。

22. 沙漠救星

答案：如果是浮沙，当你还没有把车停稳那一刹那，车和人早就会被陷在里面，又怎么会让布朗下车后安全地去找朋友呢？

23. 吸尘器的秘密

答案：马克等少女的姐姐睡熟后，首先把煤气打开，然后在屋里把门的四周用封条贴上一半，关门离开，最后在门外用吸尘器的吸口对准门缝一吸，剩下的一半封条就紧紧地贴在门缝上，造成死者自杀的假象。

24. “霜”留下来的痕迹

答案：哈利看到院子里留下的犯罪嫌疑人胶鞋脚印清清楚楚，就知道谁是真正的犯罪嫌疑人了。因为那个院子很潮湿，所以像昨天夜里那样的低气温照理会结霜。所以如果是昨天夜里潜入室内作案的话，鞋印肯定会因为霜的遮盖而走样变得不清楚。与此相反，鞋印清楚得连花纹都清晰可见，这说明是天亮之后也就是霜融化之后作案的。这样，真正的犯罪嫌疑人就是今天上午11点半左右在现场徘徊的汤姆。大卫因从深夜1点到中午过后有不在现场的证明，所以是清白的。

25. 聪明的马特

答案：马特推测索菲娅的弟弟事先在这个望远镜的筒里装有毒针。那天晚上，索菲娅在玛丽娅和其他人入睡之后，悄悄登上钟楼的凉台，想用这个望远镜观察星星——这可是一架精心制造的望远镜。在眼睛贴近望远镜之后，为了对准焦点，使用人就要调节筒内的螺丝。这时，弹簧就会把毒针射出，直刺眼睛。索菲娅受伤后，猛地一惊，望远镜便从手里滑落而掉进河里。她忍住剧痛把毒针从眼里拔了出来——因为她是在看了那本被禁的书《天文学对话》后，为了弄清楚地动说而进行天体观测的。这绝不能让院长知道，不能呼喊。她也许是想拔出毒针，自己来治好眼伤，但毒性很快扩散，以致无法挽救了。

Clue 9
出其不意，险中求胜

1. 警察眼底藏金块

答案：玛丽将黄金打造成了车子，由于上了涂料，所以，警员们根本没注意到车体本身就是黄金。黄金质地软而且有韧性，所以很容易加工成各种形状。

2. 愿望落空的罪犯

答案：他已经整过容了，警察不可能认出他是朗德本人，因此，警方抓他一定不是因为看出他是朗德，而是因为认为他是另外一个罪犯。事实确实如此，利兹是个技艺精湛的医生，也是FBI特聘的医学顾问。他当然希望朗德能够落网，因此把他的脸整容成另外一个通缉犯的模样，在赚一笔的同时，轻松地将他送进了警察局。

3. 难以预料的钞票行踪

答案：布莱克在伪装成强盗进入邮局之前，先在邮局寄了一份空包裹。包裹的住址正是他的秘密藏身处。之后，他再化装成蒙面强盗进入，偷取现金后，解开原来的包裹，将现金全部置于包裹内，再恢复原状。如此一来，没有人会想到，事件发生前接收的包裹竟然内藏盗窃物品。连警察也疏忽了这一点。

4. 害人的时间观念

答案：罪犯就是罗宾的侄子。表从高处掉下来，不是停就是变慢了，不可能变快。这是他侄子上楼开窗时故意拨快的。他侄子又有意朝天放枪并大声诅咒，知道伯父只要被吵醒必定要下楼来对表。而他侄子事先在地毯上弄了皱褶，让他绊倒，使其从楼梯上摔下致死。

5. 被偷的世界名画

答案：通常情况下，一个惯用右手的人，脱裤子时会先脱左腿。而戈迪探长走进罗纳德的卧室时，罗纳德的右腿在裤腿里，而左腿还在外面，说明他当时正在脱裤子，不是像他自己说的是在穿裤子。

6. 警探为何要放走大盗

答案：当邓普斯警探左手伸入鱼缸内时，几只长着锋利牙齿的小型食人鱼蜂拥而上，咬住了他的手。这正是大盗狄克急中生智的结果。邓普斯面对突如其来的袭击，不自觉地发出悲鸣，连右手的枪都掉了。趁此时机，狄克从容地逃走了。

7. 不怀好意的礼物

答案：一些食草动物对有毒植物有免疫的功能，并且，兔子的免疫能力很强。

阿托品这种毒素刚好是含在植物之中的。戴维利用了兔子的这一特性，用含有阿托品毒素的植物叶子喂养兔子。虽然兔子本身是活蹦乱跳的，但其体内已经含有了毒素。当理查德将兔子吃掉后，毒素自然进入了理查德的体内，最终致其死亡。

8. 怪异的圣诞老人

答案：因为伪装圣诞老人很热。穿着平常的衣服之后，再穿上圣诞老人的服装，即使在寒冷的冬天，也会热得直冒汗。所以，在打扮成圣诞老人时，通常是穿着单薄的衣服。在仓库外只穿单薄衣服被杀的男子实际上是扮演圣诞老人的人。他在大街上走累了，想到暗巷休息一下，没想到正好遇上犯人。

犯人在仓库杀死警卫时，因为全身都是灭火剂，所以被装扮成圣诞老人的男子发觉有异。犯人于是杀人灭口，再穿上被害人的圣诞老人装，伪装成圣诞老人逃离现场。

但是，在原本厚重的衣服之外，再穿上圣诞老人装，走几步路就流汗了。他因为热得不舒服，所以走起路来也不自在，一眼就被警察看穿了。

9. 救命的闹钟

答案：细心观察是最重要的，有时甚至能够挽救自己的生命！闹钟的指针上一般涂有荧光粉，方便人晚上醒来的时候看时间。如果长期不用的话，荧光会非常暗淡，甚至看不到，而刚刚被台灯光线照射过的荧光则非常明亮。所以辛格一进门，看到荧光很明亮，就知道有人来过了。

10. 虚幻的对向来车

答案：在查尔斯行驶的山道前方立了一个和道路宽度相同的大镜子，这样查尔斯被镜子里的灯光误导，产生了错觉，把自己的车子认为是对面驶来的汽车。于是才在慌忙之中急踩刹车。

11. 消失不见的金条

答案：因为大盗基德事先研究过逃跑路线，准备好了潜水服和氧气筒，而且，金块全部装在浮袋中。当他发觉遭到跟踪时，便故意驾车冲入海中。在海中，他立即逃离车体，带着金块，潜水逃至远处。由于是黑暗的夜晚，警察们也没注意到基德潜水逃逸。

12. 卫生间里的线索

答案：被害人逃进厕所之后，急中生智发现那里有数米长的卫生纸，于是用自己的血，在卫生纸上写下犯人名字的开头字母，然后再卷回去。如此一来，即便歹徒破门而入，也不会发现被害人留了暗号。而且，之后当有人使用卫生纸时，便会发现此线索。警察搜查现场时，疏漏了卫生纸，以至于未找到线索。不得不说，伊芙丽真是位聪明的女士。

13. 破案的鹦鹉

答案：警方的判断应该是正确的。从鹦鹉叫出的这些名字来看，它应该听到这些字眼很多次了。而鹦鹉听到“笨蛋”很多次，这不可能是和善的威廉夫妇能够叫得出口的。因此一定是别人，而最近就只有窃贼来过这里，窃贼能如此大胆地互相称呼也很正常。

14. 手白的女子有嫌疑

答案：按照安妮说的来看，她的拇指应该是会被晒黑的。因为写生油画时，因一只手端着颜料板，被遮住晒不着，但是，只有拇指露在颜料板的窟窿的外面，照理是会挨晒的。但安妮的左手五个指头都没有晒黑的迹象，所以才引起了侦探的疑心。

15. 千钧一发

答案：因为所有进路都被封锁，所以本杰明将车开上了铁轨，沿着铁路线逃逸。汽车左右两轮的宽度并不比两根铁轨宽，可以直接在枕木上行走。虽然车体上下晃动，但行车无障碍。并且由于最后一班列车已经通过，不必担心后方来车。警方只封锁了汽车通行的道路，本杰明利用警戒线出现的盲点，成功逃逸了。

16. 古屋幽灵

答案：当然没有真的幽灵，这纯粹是一场阴谋。由于传闻这座古屋里藏有大量珍宝，一些人便妄图进去寻宝，而这座古堡已被出售，工人们要进去修整，为了使寻宝不受工人的干扰，躲在里面的寻宝者便假扮幽灵来吓唬人，让他人不敢贸然进去。有人进来时，一位寻宝者便站在椅子上，穿上宽大的袍子，营造出巨人的形象。然后，他用毛巾包起脸，全身涂上磷。由于磷的燃点很低，在一般室温中也会燃烧，会发出蓝白色的火光，但磷火的温度不高，不会烧伤人，只会达到以火光吓人的目的。那么，道格拉斯的斧头砍过去为什么没有伤到他呢？这是因为古堡的客厅里有多面镜子，为了避免被伤到，寻宝者站在客厅楼梯转弯处的平台上，这样，他的形象便从镜子里反射出来了。

17. 奇异的钟声

答案：哈里森醒来时，听到的第 1 声钟声是 12 点钟的最后一声，第 2 声是 12 点 30 分，第 3 声是 1 点，第 4 声是 1 点 30 分。

18. 有备而来的嫌疑人

答案：根据普通人的记忆规律特点归纳得出，一个正常人按照精确的时间和顺序回忆五天前他所做的事情是一件很难的事。因为警察经过 5 天的努力才将嫌疑人锁定，可事情已经过去了 5 天，嫌疑犯才被传讯到警局。5 天的时间过后，嫌疑犯还能对当时的事情记忆犹新、对答如流，可见这个人明显是有备而来，因此，他很可能是真正的罪犯。

19. 不肯认错的老头

答案：根据上下文，警长很明显指出了老人就是骚扰者的证据，老人自知理亏才离去的。那么，这证据是什么呢？首先，老人是一个弱不禁风，走平路都要别人搀扶的人。其次，老人上台阶去敲门的时候并没有扶扶手。这本身是互相矛盾的两个现象。从这个矛盾中能够推出，老人之所以需要扶扶手而又没有去扶，只能是因为他今天白天确实出现在附近过，看到了女主人把扶手刷了油漆，因此才不去扶扶手的。

20. 为什么乔治是凶手

答案：杰克走过后楼梯时，脸上碰到了蜘蛛网，说明艾琳没有从后楼梯走过。同时，艾琳也没有走过主楼梯，因为一直坐在主楼梯旁的乔治说没有看见过她。另外，刚擦过的厨房地板上没有脚印，说明杰夫没有进过厨房。所以，只有乔治有时间杀人，况且他还说了“有人从后门闯了进来”的掩饰话。

21. 车厢消失之谜

答案：我们先将三名罪犯分为 A、B、C，设被卸下的货车为 X。A 和 B 潜入列车，C 在支线道岔的转辙器处等候。列车从阿普顿一发车，A 和 B 就将一根钢缆绳系在货车 X 前后两节车厢的连接器上。钢缆绳绕到 X 外侧，同支线正相反的一侧。当列车接近支线时，就打开 X 前后两车厢上的连接器。即使打开，钢缆绳也连接着，所以前后的车厢不会分离，照样往前走。在支线等待的 C 在 X 前后车厢的边轮踏上交叉点的一瞬间，迅速切换转辙器。这样，X 就滑上了支线。而不等 X 后部车厢的车轮踏上交接点，再把道岔转辙器回位。这样一来，后边的车厢就被钢缆绳拉着在干线上行驶。

不久，列车接近纽贝里车站，速度减慢，被钢缆绳拉着的后边车厢因为惯性会赶上前边车厢。这时，罪犯 A 和 B 再关上连接器，卸下钢缆绳，跳下列车逃走。而滑入支线的货车 X 走了一阵后会自动停下，罪犯也就可以轻而易举地将装在上面的名画全部盗走。

22. 可笑的谎言

答案：陌生男子是电信局的工作人员，因为汤姆好几个月没有交电话费了，电信局把汤姆公司里面的所有电话都停了，所以男子知道汤姆是在演戏。

23. 指纹手术

答案：指纹是形成于真皮层里面的，不管你怎么切换皮肤，只要真皮层没有受到损害，指纹就不会改变。

24. 求救信号

答案：吉米假装害怕，借着手忙脚乱的假象在空中按照三角形的路线飞行。飞三角形，是航空求救信号，基地雷达会发现，并马上派出救生机紧急前往进行搜索。当飞机在飞行中通信系统出现故障时，就采用这种飞行方法求助。

25. 狠心的母亲

答案：受害者的家里光线很暗。在光线极其暗淡的情况下，连鲜艳的红色都尚且看不清，更别说比红色色调还暗的褐色了。所以，女方是在说谎，为的就是把罪状推给丈夫，而自己则逍遥法外。

26. 拿破仑的结论

答案：1、10、100、1000 四个数字，无论哪个都是 9 的倍数加 1，所以他们除以 9 都余 1。因此，这 60 袋子弹无论如何组合，合计的数量一定是这样计算的：（9 的倍数 +1）+（9 的倍数 +1）+（9 的倍数 +1）……=9 的倍数 +60。而 10000−60=9940，9940 除以 9 余 4，除不尽。因此子弹不可能正好是 10000 发，所以这个军需官不是徇私舞弊，就是个糊涂蛋。

27. 火暴的警官

答案：在这里，比尔是故意对嫌疑人拳打脚踢的。嫌疑人被审问了一天，警察们都没有找到有用的线索，于是，比尔就将计就计，将这个人以“浪费警察时间办案”的由头将这个人暴打一顿，给这个人一种“警察没有切实的证据，觉得我不是罪犯，所以才暴打我发泄情绪”的感觉，让这个人觉得自己安全了，所以他才会露出马脚。而且，如果这个人真的是清白的，他无缘无故被警察大打一顿，怎么也会大吵大闹一通，但是，这个人却没有找比尔的麻烦，而是急着离开，这只能说明他心中是有鬼的。

28. 失灵的鼻子

答案：越狱犯是通过改变脚的气味逃走的。越狱犯在树林里脱下鞋子，并往鞋里撒尿，再继续往前跑。如此一来，足迹的味道改变了，警犬再厉害也会被弄糊涂的。

图书在版编目（CIP）数据

超脑思维：侦探推理游戏从入门到精通：全新升级版 / 李腾云著. —2版. —北京：中国法制出版社，2019.6

ISBN 978-7-5216-0204-3

Ⅰ. ①超…　Ⅱ. ①李…　Ⅲ. ①智力游戏　Ⅳ. ①G898.2

中国版本图书馆CIP数据核字（2019）第081931号

责任编辑：孙璐璐（cindysun321@126.com）　　封面设计：汪要军

超脑思维：侦探推理游戏从入门到精通（全新升级版）

CHAONAO SIWEI：ZHENTAN TUILI YOUXI CONG RUMEN DAO JINGTONG（QUANXIN SHENGJIBAN）

著者 / 李腾云

经销 / 新华书店

印刷 / 三河市国英印务有限公司

开本 / 710毫米 × 1000毫米　16开　　印张 / 14.5　字数 / 306千

版次 / 2019年6月第2版　　2019年6月第1次印刷

中国法制出版社出版

书号ISBN 978-7-5216-0204-3　　定价：39.80元

值班电话：010-66026508

北京西单横二条2号　邮政编码100031　　传真：010-66031119

网址：http://www.zgfzs.com　　**编辑部电话：010-66053217**

市场营销部电话：010-66033393　　**邮购部电话：010-66033288**

（如有印装质量问题，请与本社印务部联系调换。电话：010-66032926）